公開霊言

原爆投下は人類への罪か？

トルーマン&F・ルーズベルトの新証言

Ryuho Okawa

大川隆法

まえがき

もうすぐまた、あの暑い夏が巡ってくる。先の大戦をめぐっての、悲喜《ひき》こもごもの善悪論が蒸《む》し返されることだろう。

本当に日本はファシズム全体主義国家で、正義の大国アメリカが、悪しき野望を二発の原爆で打ち砕いたのだろうか。それとも原爆投下が非人道的で、人類への罪にあたるため、それを取りつくろうために、ありもしない南京《ナンキン》三十万人大虐殺《だいぎゃくさつ》事件や、従軍慰安婦問題《じゅうぐんいあんふもんだい》をでっちあげ、日本をナチスばりのホロコースト国家に仕立て上げたかったのか。

日本人としては昭和天皇（高天原帰天）、東條英機《とうじょうひでき》元首相（地獄なれども一歩も引かず）の霊言をたまわった。

ここに、原爆投下命令を下した米トルーマン大統領と、開戦大統領F・ルーズベルトの霊言を公けにする。歴史への新証言である。

二〇一三年　六月十二日

幸福実現党総裁《こうふくじつげんとうそうさい》　大川隆法《おおかわりゅうほう》

原爆投下は人類への罪か？　目次

まえがき　1

第1章　原爆《げんばく》投下に対する弁明
――トルーマン元大統領の霊言《れいげん》――

二〇一三年六月三日　収録
東京都・幸福の科学　教祖殿《きょうそでん》　大悟館《たいごかん》にて

1　「原爆投下の責任」を探究する　17
二人の大統領に「原爆投下の真相」を訊《き》く　17
先の大戦は、「神」対「悪魔《あくま》」の戦いだったのか　19
「憲法改正」に関して喫緊《きっきん》のテーマとなる本日の霊言　23

ハリー・S・トルーマン元アメリカ大統領を招霊《しょうれい》する　27

2　**原爆投下を命じた理由　30**

「あれは投下すべきでなかった」と謝《あやま》りだすトルーマン　30
原爆投下のターゲットは最初から日本だった　33
植民地解放に関する「アメリカの本音」　36
なぜ、「東京大空襲《だいくうしゅう》」を実行したのか　40
「日本人の脅威《きょうい》」を語り続けるトルーマン　44
「天皇は統治に使える」と判断したマッカーサー　47
原爆投下には、ソ連を牽制《けんせい》する目的もあった　48
原爆を二発落としたのは「実験」のため　49
アメリカが戦後に行った「原爆投下を正当化するPR」　51
F・ルーズベルトがソ連に「対日参戦」を促《うなが》した理由　53
大陸にいた百万の陸軍を生かせなかったのは日本の戦略的失敗　55

3
日本人に対する差別意識　59
アメリカの公式見解は「原爆投下は有色人種差別ではない」　59
「強き相手は徹底的《てってい》に叩《たた》きのめす」のがアメリカのポリシー　61
日本との戦争で、アメリカの不況《ふきょう》が一気に吹《ふ》き飛んだ　63
「人種差別主義者だった」と言われるのがいちばん厳しい　66
戦意のない日本に、なぜ原爆を投下したのか　69
日本人を「対等な人間」と認めていなかったのは事実　71
「アメリカの行為《こうい》」とのバランス上必要だった「南京大虐殺《ナンキンだいぎゃくさつ》」　73
トルーマンは、死後、どういう世界にいるのか　75
「非人道的な日本人」キャンペーンで戦意高揚《こうよう》　77
白人至上主義団体「ＫＫＫ」に加入していたトルーマン　79
朝鮮《ちょうせん》戦争で原爆を使わなかった理由　82
4
「ファシズム対民主主義」は真実か　84

朝鮮戦争が始まったとき、日本を叩いたことに疑問が湧《わ》いた　84
「KKK」といえどもクリスチャンとしての良心がある？　86
「自己正当化の思想」をつくっていたアメリカ人　88
「〝猿《さる》〟が悪さをしている」という戦時のプロパガンダ　90
「ヨーロッパのカルマを解放する大東亜《だいとうあ》戦争」にも一理ある　92
オバマ大統領の「広島・長崎《ながさき》訪問」はあるのか　95

5

東京裁判・日本国憲法・靖国参拝《やすくにさんぱい》について　97

「戦勝国が戦敗国を裁く」という東京裁判は公正ではない　97
南軍を処罰《しょばつ》しなかったリンカンの偉大《いだい》さ　100
「ルーズベルトに原爆投下責任を取ってほしかった」のが本音　101
原爆投下は「人類史における必要な実験」だった？　104
国際法を破ったアメリカは本当に「正義」なのか　106
日本の戦《いくさ》の伝統から見て「奇襲攻撃《きしゅうこうげき》」は分かっていた　110

「日米共同で満州《まんしゅう》経営に乗り出すべきだった」との後悔《こうかい》　112
日本国憲法の押《お》しつけは「インディアン征服《せいふく》」と同じやり方　113
涙《なみだ》ながらに、「反省の言葉」を述べるトルーマン　117

第2章　世界最強国としての誇《ほこ》り
――F・ルーズベルト元大統領の霊言――

二〇一三年六月三日　収録
東京都・幸福の科学　教祖殿　大悟館にて

1　太平洋戦争開戦に至る経緯《けいい》　123
フランクリン・ルーズベルト元アメリカ大統領を招霊する　123
日・独・伊《い》の「三国防共協定」自体は必ずしも間違《まちが》いではない　124

日露《にちろ》戦争後に強まった「アメリカに対する日本人の不信」 127
日本を悪者に仕立て上げた「中国のロビー活動」 129
日本が満州を起点に中国全土を支配するように「見えた」 131
「日米の勢力拮抗《きっこう》」へのアメリカの危機感 135
ドイツから教わった「輸送船への攻撃」という作戦 138
真珠湾《しんじゅわん》攻撃がなくてもアメリカは参戦していた 140
真珠湾の「戦艦《せんかん》アリゾナ」は見殺しにされた？ 143
南方戦線の意義を揺《ゆ》るがす米中間の「ある密約」 146
戦前の日本は今の北朝鮮と同じようなもの？ 148
「日本軍の暗号」はいつ解読できるようになったのか 150
「次の月曜日に攻撃の可能性」と予告していたF・ルーズベルト 152
真珠湾攻撃の前日にアメリカ軍が出した不審《ふしん》な指示 154
「チャーチルもロンドン人を見殺しにした」と話をすり替《か》える 157

F・ルーズベルトの決断は「米国民に対する裏切り」か　160
悪魔スターリンに好意的だったF・ルーズベルト　162
北方四島の占領《せんりょう》だけで済んだのは「アメリカのおかげ」？　164
「日本を倒《たお》してアメリカの覇権《はけん》を確立」というシナリオ　167
日本の「和平交渉《こうしょう》」の努力は何だったのか　169
突如《とつじょ》、アジア・ヨーロッパで勝てる大強国になったアメリカ　172
アメリカは「軍需《ぐんじゅ》景気で不況克服《こくふく》」を繰《く》り返してきた　173
「島国・日本」よりも「中国大陸」の文化・文明を尊重　175
「アメリカの世紀」の次に「中国の世紀」が来るか　176
日本がヨーロッパにあったら、「ヒトラーぐらい強かった」？　177

2

原爆投下についての見解　180
「ヨーロッパに原爆を投下する可能性」はあったのか　180
「日本もドイツも原爆を研究していた」と開き直る　182

開戦前から「戦後体制」を話し合っていた連合国 184
「共産主義の怖《こわ》さ」を見抜《みぬ》けなかったF・ルーズベルト 186
広島と長崎に原爆を落としたのは「善」なのか 188
東京大空襲で敗北を認めなかった為政者に責任がある？ 190
原爆を実験するために戦争を長引かせたかったのか 192
「上陸戦の実験」として行われた沖縄《おきなわ》戦 195

3 「アメリカの栄光の歴史」に見る傲慢《ごうまん》 199

「私は『世界の歴史』をつくっている」という強い自負 199
アメリカが戦争をしなければ、中国は日本領になっていた？ 202
欧米《おうべい》列強の「いじめ」によって開戦に誘導《ゆうどう》された日本 205
「アメリカの世紀」をつくるために戦ったF・ルーズベルト 207
今、「アメリカが臆病《おくびょう》になるのはよいことか」を試《ため》されている 209
「アメリカ的繁栄《はんえい》が世界に広がったことは善」という信念 210

「大きな国家は社会主義的側面を持つ」と考えるF・ルーズベルト　214
「今の中国はアメリカの敵ではない」と豪語《ごうご》　215

4　F・ルーズベルトの「霊的本質《れいてきほんしつ》」　219

中国と縁《えん》のある過去世《かこぜ》を持つが、今はアメリカ寄りの立場　219
ワシントンやリンカンもアメリカの神だが「自分のほうが上」　221
F・ルーズベルトはアメリカ全体を見ている天皇のような存在？　226
「東條英機《とうじょうひでき》、ヒトラー、ムッソリーニは同じ」という見解　230
霊界《れいかい》でスターリン、チャーチルとの交流はあるか　233
日本や中国の霊人《れいじん》と交流することはない　237
イエスを「小さい神」と捉《とら》えるF・ルーズベルト　240
「自分の次」と認める人物は、ナポレオンやシーザー　245
「日本の核《かく》武装」を牽制するF・ルーズベルト　247

5　「アメリカの神」としてのプライド　250

あとがき 252

「霊言現象《れいげんげんしょう》」とは、あの世の霊存在の言葉を語り下ろす現象のことをいう。これは高度な悟《さと》りを開いた者に特有のものであり、「霊媒現象《れいばいげんしょう》」（トランス状態になって意識を失い、霊が一方的にしゃべる現象）とは異なる。外国人霊の霊言の場合には、霊言現象を行う者の言語中枢《ちゅうすう》から、必要な言葉を選び出し、日本語で語ることも可能である。

なお、「霊言」は、あくまでも霊人の意見であり、幸福の科学グループとしての見解と矛盾《むじゅん》する内容を含《ふく》む場合がある点、付記しておきたい。

第1章

原《げん》爆《ばく》投下に対する弁明

―トルーマン元大統領の霊言《れいげん》―

二〇一三年六月三日　収録

東京都・幸福の科学 教祖殿《きょうそでん》 大悟館《たいごかん》にて

ハリー・S・トルーマン（一八八四〜一九七二）

アメリカ合衆国の第三十三代大統領。第二次世界大戦中、前任のフランクリン・ルーズベルト大統領の死を受けて、一九四五年に副大統領から大統領に昇格《しょうかく》。日本への原子爆弾《ばくだん》投下の命令を最終決定したとされる。「第二次世界大戦の終《しゅう》了《りょう》」「冷戦の始まり」「国際連合の創設」「朝鮮《ちょうせん》戦争」等に関与《かんよ》した。

質問者　※質問順

武田亮《たけだりょう》（幸福の科学副理事長 兼《けん》 宗務《しゅうむ》本部長）
石川雅士《いしかわまさし》（幸福の科学宗務本部第一秘書局局長代理）
酒井太守《さかいたいしゅ》（幸福の科学宗務本部担当理事長特別補佐《ほさ》）

［役職は収録時点のもの］

1　「原爆《げんばく》投下の責任」を探究する

二人の大統領に「原爆《げんばく》投下の真相」を訊《き》く

大川隆法　先日（二〇一三年五月十日）、「東條英機《とうじょうひでき》の霊言《れいげん》」を収録した際、東條英機に、「原爆《げんばく》を投下したトルーマンは、どこへ還《かえ》っているのか」というようなことを訊《き》いたところ、「Ａ級戦犯《せんぱん》で裁かれた自分が、それを言ったところで信用性がないだろうから、あなたがたが直接お呼びして調べたほうがよろしいのではないでしょうか」と、コメントを控《ひか》えられました（『公開霊言　東條英機、「大東亜《だいとうあ》戦争の真実」を語る』〔幸福実現党刊〕参照）。

そのため、〝極東《きょくとう》軍事裁判〟を、七十年後の今、もう一回やり直そうとしているわけです。

東條英機は、地獄《じごく》にいるようではあるものの、自分たちにも理があったことを、一生懸命《いっしょうけんめい》に述べていたと思います。

さて、今日のテーマは、「原爆投下は人類への罪か?」ですが、これについては、誰《だれ》も調べたことがないでしょうし、責任を持って答えられる人は、道徳家にも、宗教家にも、思想家にもいないのではないでしょうか。

原爆が投下されて以降、原爆づくりに携《たずさ》わった科学者たちには、アインシュタインをはじめ、平和運動に身を投じた方も多かったと思います。科学者は、実際に原爆をつくりはするのですが、その使用をめぐっては政治的な問題が発生するので、その後、反対に回ったのでしょう。

原爆を落とすことを命じたのは、ハリー・S・トルーマンです。彼は、フランクリン・ルーズベルトが一九四五年の四月に亡《な》くなったことにより、それ以降、あとを継《つ》いで副大統領から大統領になりました。まずは、「原爆投下を命じたこと自体に、何らかの責任があるのかどうか。その行為《こうい》自体が悪なのかどうか」という問題を確認したいと思います。

ただ、おそらく、原爆投下そのものは、Ｆ・ルーズベルトの段階で決まっていたことであろうとは思いますので、大本《おおもと》にあるものは、Ｆ・ルーズベルトの評価でありましょう。基本的には、Ｆ・ルーズベルトが、第二次大戦以降のアメリカの歴史や、世界の秩序《ちつじょ》について、その流れをつくったものと思われます。

それは、それなりに有効なものではあったのでしょうが、歴史を検証する者として、「フェアかどうか」のチェックは要《い》るのではないかと考えているわけです。

先の大戦は、「神」対「悪魔《あくま》」の戦いだったのか

大川隆法　疑問点の一つは、一九二九年に起きた、ウォール街の株の大暴落に基《もと》づく「世界大恐慌《だいきょうこう》」です。これは、アメリカ発の恐慌ですが、その影響《えいきょう》が世界中に広まり、日本までが大不況《ふきょう》に陥《おちい》りました。

これが原因で立ち行かなくなった日本は、満州《まんしゅう》に活路を見いだそうとして陸軍を

送り込《こ》み、そこで、新たな農業資源、工業資源を求めたことは間違《まちが》いありません。それに対し、F・ルーズベルトは、日本への制裁措置《そち》を発動しました。それは、ちょうど、今の北朝鮮《きたちょうせん》への制裁措置と同じようなものだったのですが、結局、その二年後に日米間で戦争が起きたわけです。

F・ルーズベルトは民主党の大統領ですから、「戦争はしない」ということを標榜《ひょうぼう》していたはずなのですが、ささやかれる話としては、F・ルーズベルト自身も、戦争を企図《きと》していたようです。彼は、「国民の賛成を得るために、日本を奇襲《きしゅう》に導こうと追い込んでいったのではないか」とも言われておりますが、その可能性は、かなり高いと思われます。ただ、それが正しい方向であったかどうかは分かりません。

F・ルーズベルトは、大人になってから小児麻痺《しょうにまひ》にかかり、車椅子《いす》生活になったものの、その後、ニューヨーク州知事になり、アメリカ大統領にもなった方なので、ある意味での偉人《いじん》であることは間違いないでしょう。その生活の大部分をベッドのなかで過ごしながら、指揮を執《と》っていた方です。

また、『黄金の法』（幸福の科学出版刊）に、「F・ルーズベルトは、過去世《かこぜ》で中国の皇帝《こうてい》として生まれたことがある」とありますが、蔣介石《しょうかいせき》を支援《しえん》した親中路線には、そのへんの影響があった可能性もあるとは見ております。

最終的には、戦争で日本が敗れることになったわけですが、これは、欧米圏《おうべいけん》で好んで言われるように、「神」対「悪魔《あくま》」の戦いだったのでしょうか。あるいは、もう少しよく言って、「民主主義」対「ファシズム（全体主義）」の戦い、要するに、「欧米圏」と「日・独・伊《い》の三国によるファシズム同盟」との戦いだったのでしょうか。

確かに、アメリカでは政治学的に、そう言われることが多いですし、アメリカに留学した方は、そのように習ったことでしょう。このへんについて詰《つ》められる人は、もはや、いないと思われますが、これは、歴史的に非常に大事なことではあります。

今、安倍《あべ》内閣では、「憲法改正に入《はい》れるかどうか」が議題になっておりますが、マッカーサーによって与《あた》えられた新憲法では、その九条で「戦争放棄《ほうき》」が謳《うた》われています。つまり、憲法上、自衛隊は、正式には軍隊でないことになり、「自衛のための戦力」という、よく分からない状態にあるため、「これを正直に『国防軍』と位置づけるかどうか」という意味において、憲法改正の問題が迫《せま》ってきているのです。

しかし、前述の戦争史観のように、日本が、「『神』対『悪魔』の『悪魔』のほうであった」とか、「『民主主義』対『ファシズム』の『ファシズム』のほうであった」とかいうことが肯定《こうてい》されるならば、「憲法は現状維持《いじ》に据《す》え置くべきだ」という、左翼《さよく》平和主義型の巻き返しに、分《ぶ》があることになるかもしれません。

ただ、「先の戦争は、『覇権《はけん》戦争』、もしくは、『神々の戦争』であったのだ」という捉《とら》え方もあるでしょうから、そうであれば、「一定の期間が過ぎた時点で、日本は国家として、当たり前の姿になってよい」という考えはありえますし、「当たり前の国として再軍備をしたら、また悪いことをするのではないか」というのは、中国や北朝鮮、韓国《かんこく》あたりの考えということになるでしょう。

また、一方では、東南アジアの国々が今、「中国の軍事による脅威《きょうい》こそが恐《おそ》ろしい」と感じており、「日本にもっと強くなってほしい」という考えを持っているように思われます。

いずれにしても、正義の所在を知ることは非常に難しいわけですが、今日は、このへんについて探《さぐ》ってみたいと思います。

「憲法改正」に関して喫緊《きっきん》のテーマとなる本日の霊言《れいげん》

大川隆法　招霊《しょうれい》する予定の二人の大統領は、共に、日本と戦った当事者でありますから、当然、アメリカを正当化する側にいるでしょうし、基本的には、「日本のほうが悪い」という前提に立つと思いますので、当会にとっては、あまり、よい感じではないかもしれません。

ただ、何らかの言葉のなかに、これまでとは違った考えが一片《いっぺん》なりとも出てくるかどうか、確認したいと思います。それが憲法改正に向かえるかどうかの試金石にもなるのではないでしょうか。

もし、「日本は、悪魔の国、あるいはファシズムの国であり、天皇制自体が間違っているので再軍備してはならない」ということが真理であるならば、再考する余地があるかもしれません。

（質問者たちに）このへんを、あなたがたで担《にな》えるのかどうか、分かりませんけれども、いちおう、人類の代表として取り組んでみてください。

本来、英語で行うべき霊言《れいげん》かとは思うのですが、視聴者《しちょうしゃ》、および、読者の大部分は、日本人であろうと思いますし、上映や発刊に際して、翻訳《ほんやく》に時間がかかりすぎてもいけませんので、極力、日本語で行いたいと考えています。

その分、霊言自体は、〇・五秒か一秒ぐらい、遅《おく》れる可能性がありますが、〝同時通訳型〟で行います。

ただし、向こうが、私の言語中枢《ちゅうすう》の、英語のほうを使いたがった場合には、やや止められない可能性もありますので、そのときには、石川さんに頑張《がんば》ってもらうしかないでしょうし、そのほかに、英語を話せる人が出てきてくれても結構ですが、アメリカの大統領と英語でディベートするのは、あまり有利ではないと思われます

（笑）（会場笑）。

武田　そうですね。

大川隆法　おそらく、敵《かな》わないでしょう。こちらが不利であることは間違いないので、日本語で行《おこな》ったほうが、やや緩《ゆる》くなるのではないかと思います。通訳はできると思うのですが、本人たちが、英語による霊言を強く希望してきた場合はしかたありません。

ちなみに、Ｆ・ルーズベルトが、一九四五年の四月十二日に亡くなったことに関して、「日本では、Ｆ・ルーズベルトに向け、高野山《こうやさん》の真言密教《しんごんみっきょう》が、一生懸命に呪詛《じゅそ》を執り行っていた。Ｆ・ルーズベルト死亡のニュースが流れたときには、『倒《たお》した！』と快哉《かいさい》を叫《さけ》んだ」という話があります。日本では、宗教がパワーを発揮し、原子力爆弾《ばくだん》に対抗《たいこう》する〝新兵器〟として、「念力《ねんりき》」で戦っていたのでしょう。

ただ、F・ルーズベルトを倒したところで、次の大統領が出てくるのが民主主義の原則であり、トルーマンによって原爆を投下されたわけですから、残念ながら、「王様を倒したようにはならなかった」ということです。

今回の霊言が翻訳された場合、外国で、どう捉えられるか、やや分からないところがあるので、私としても言葉の選び方には非常に難しいものがあります。

しかし、今の日本の喫緊《きっきん》の課題ではありますし、参議院選が迫っておりますけれども、「争点に憲法改正が上《のぼ》るか、あるいは、避《さ》けて通るか」は、今の時点で、ちょうど境目ぐらいのところにまで来ているように感じられるのです。

「東條英機の言い分」や、「昭和天皇が高天原《たかまがはら》に還っていること」等も合わせて、死後、二人の大統領の主張に、何か考えの変化があるかどうか、調べてみたいと思います。

ハリー・S・トルーマン元アメリカ大統領を招霊《しょうれい》する

大川隆法　どちらから行きましょうか。仮に、トルーマン、F・ルーズベルトの順にしたのですが、どうしますか。

武田　トルーマンからで、よろしいのではないでしょうか。

大川隆法　それでいいですか。原爆を落としたこと自体に罪があるとしたら、「彼が、天国へ行っているか。地獄へ行っているか」のチェックが先に要るでしょう。

先日、東條が留保したのは、この部分ではありました。

武田　最後、F・ルーズベルトに裏取りをするかたちで、どうでしょうか。

大川隆法　「最初から日本と戦う気があったかどうか」については裏取りが要りますね。

これは、本来、非常に大事なことだと思います。日本の国論が、ストレートに受け入れてくれるかどうかは分かりませんけれども、言論のよって立つところが正しいか正しくないかの、大きな判断基準にはなるでしょう。

もちろん、私が伝えることを信じるかどうかにもよるので、今後、時間がかかって変わる可能性もあるとは思いますが、大きくは、左翼と右翼で見解が分かれている部分ではあります。これは、「憲法問題」や「平和の定義」にもかかわっていることですから、どうしても避けては通れません。

それでは、トルーマンから呼んでみます。

現時点では、アメリカで最後の高卒の大統領になった方ですから、おそらく、能力は高かったのでしょう。長生きをされたようで、八十八歳《さい》まで生きています。

それでは、話を聴《き》いてみましょうか。

アメリカの第三十三代大統領にして、日本に原爆投下を命じられましたハリー・S・トルーマン大統領よ。

どうか、幸福の科学　教祖殿《きょうそでん》　大悟館《たいごかん》にご降臨たまいて、われらに戦争の真意をお伝えください。

日本側のことについては、すでに一部、調べておりますけれども、アメリカ側からの見解なり事情なりを知らせてくださいますよう、お願い申し上げます。

ハリー・S・トルーマンの霊よ。

どうか、幸福の科学　教祖殿　大悟館に降りたまいて、終戦の事情についてのお考えをお話しください。

（約二十秒間の沈黙《ちんもく》）

2　原爆投下を命じた理由

「あれは投下すべきでなかった」と謝《あやま》りだすトルーマン

武田　おはようございます。

トルーマン　……。

武田　私の声が聞こえますか。

トルーマン　……。

武田　アメリカ第三十三代大統領、ハリー・トルーマンさんですか。

トルーマン　（荒《あら》い息）ああ……。何ということをしてしまったのか。すまないことをした。

武田　今、何についておっしゃっているのですか。

トルーマン　いや、原爆のことを訊《き》いているんだろう？

武田　はい。

トルーマン　あれは、やはり投下すべきではなかった。

武田　投下すべきでなかった?

トルーマン　すまなかった。

武田　それは、亡《な》くなられてから気づかれたのでしょうか。

トルーマン　まあ、そういうことになるな。

ただ、長生きはしたので、戦後、日米関係が改善され、良好になるにつれ、しだいに、そう思うようになってきてはいたけどもね。

武田　うーん。

トルーマン　戦争中は、日本が憎《にく》き相手に見えていたので、日本を負かすためなら何でも使う気持ちはあったけど、戦後、長生きをして、あの世に還《かえ》ったら、「やはり落とす必要はなかったかなあ」という気持ちは強い。

原爆投下のターゲットは最初から日本だった

武田　改めて伺《うかが》いますが、生前、原爆投下を命じられたわけですけれども……。

トルーマン　はい、そうです。

武田　その当時、大統領の責任として、原爆の投下を命じた理由について教えていただけますか。

トルーマン　まあ、できていたのでね。すでに、原爆の使用自体は、日米戦争が始まる以前から検討を開始していたんだ。実際に投下される二十年ぐらい前から〝研究〟が始まっていて、理論的には「できる」ということが分かってはいた。完成まで、どのくらいかかるかを見ていて、いよいよ実験に成功したのでね。

「実戦で使えるかどうか、一度、試《ため》してみたかった」ということはあったが、やはり、ドイツやイタリアといえども、同じキリスト教国ではあるので、さすがに、ヨーロッパの国に落とすのは、忍《しの》びなかった。

ヒトラーといえども、あそこもキリスト教のプロテスタント系の国ではあったし、ソ連の侵攻《しんこう》を許して、最後は、事実上、地上戦で、こちらが勝ったことにはなっているわけだけど、落とすことはできなかったね。落とそうと思えば落とすことはできたし、ベルリンは空襲《くうしゅう》で、ほとんど廃墟《はいきょ》になっていたことも事実ではあるんだけども、やはり、「キリスト教国ではない日本のほうが落としやすかった」というか、「国民世論《せろん》の理解は取りやすかった」ということかなあ。

石川　時系列的には、一九四五年の五月にドイツが降伏《こうふく》し、正式には、七月十六日に、ニューメキシコ州で「トリニティ実験（人類最初の核《かく》実験）」が成功したことになっています。

トルーマン　そうだね。

石川　つまり、「ドイツの降伏前には、原爆の最終的な実験が間に合わなかった」というわけですが、仮に、ドイツの降伏が遅《おそ》くなったとしても、原爆を落とすのはためらわれたのでしょうか。

トルーマン　たぶん、落とさなかっただろう。もともと、計画に入ってなかったからね。ターゲットは、最初から日本ではあった。

武田　なぜ、日本だったのでしょうか。

トルーマン　やはり、アメリカ人が日本人を理解してなかったからね。戦争前には、日本人移民の排斥《はいせき》運動もかなり起きていた。

それに、アメリカからしても、あんな小さな国が、満州《まんしゅう》に入り、中国大陸を占領《せんりょう》し、さらに、他のヨーロッパが植民地にしているアジア諸国に次々と侵攻してヨーロッパの軍を破り、イギリスも破り、フランスも破り、オランダも破り、次々と日本の植民地のようにしていこうとしているのを見て、アメリカ国民としては、まあ、こういう汚《きたな》い言葉は日本国民に失礼であろうけれども、「ジャップを許すまじ！」ということであったかなあ。

植民地解放に関する「アメリカの本音」

石川　フェアネスのために、申し上げます。

一九四一年に、Ｆ・ルーズベルトとチャーチルが、大西洋憲章に調印しましたが、そのとき、F・ルーズベルトは、「植民地は、戦後、全部解放すべきであり、こちらはフィリピンも解放する。だから、イギリスも、インド等を解放すべきだ」という見解でした。しかし、チャーチルは、「解放するのは、ナチス占領下のヨーロッパに限定すべきであり、インド等、イギリスのもともとの植民地については適用されない」という考えだったようです。その点で、アメリカは、ヨーロッパに比べて、ある程度、フェアなところがあったと思います。

ところが、日本に対して、先ほどのような「憎悪《ぞうお》」を持ったのは、なぜですか。F・ルーズベルトが、真珠湾攻撃《しんじゅわんこうげき》を「スニーキー・アタック（卑劣《ひれつ》な攻撃）」とPRしたことも原因かと思うのですけれども、「人種差別」に加えて、「スニーキー」というイメージが出来上がったためなのでしょうか。

トルーマン　まあ、フェアネスではないね。

アメリカは出遅れたために、植民地を持っていなかった。先発のヨーロッパの国は、すでに植民地をたくさん持っていたのに、アメリカは出遅れたんだよ。

南北戦争等、国内の内戦がひどく、そのあと、国内をまとめるのが遅れたために、ヨーロッパの国が植民地をたくさんつくっていた時代に、アメリカはつくれなかった。ほとんど植民地を持っていない状態で、島が少し取れていたぐらいだからね。

そのへんから見て、「イギリスも手放すべきだ」と言ったのかとは思うけども、イギリス軍も負けなければ、手放さなかっただろうね。まあ、イギリスは、アメリカが参戦しなければ滅《ほろ》んでいたのは間違《まちが》いないだろう。

ただ、アメリカは、選挙公約的には戦争をしないつもりでいたんだ。ルーズベルトより前のウィルソンの時代、国際連盟のころにも、アメリカは孤立《こりつ》主義を取り、「中立で、いかなる勢力にも加担しないでやっていきたい」というようなことを言っていた。第一次大戦後に、国際連盟を発足《ほっそく》させたりはしていたんだけど、「『戦争当事国の、どちらかにつく』という感じではない」と国民を信じさせてはいたのでね。

植民地の解放については、ある意味で、「ヒトラーの全部が悪とは言えない」という面があると思うんですよ。実際に、植民地をほとんど手放さざるをえないところまで、イギリスを弱めたよね。滅びの寸前まで来た。チャーチルは、最後に踏《ふ》みとどまって勝ったけれども、あれはギリギリだったね。

さすがに、ドイツも、「アメリカのノルマンディー上陸作戦」と「ソ連の侵攻」の両方をやられたら、もう勝てなかったけど、もし、アメリカとソ連の参戦がなかったら、イギリスは、やはり厳しかっただろうね。

特に、Ｖ２ロケットだったかな。ドイツからロンドンを、ロケット弾《だん》で直接攻撃した。今で言えば、ミサイルだ。大陸間弾道弾か、中距離《きょり》ミサイルか知らないが、そういう物で、ロンドンは直接攻撃を受け、もう恐怖《きょうふ》で狂《くる》い出した人が大勢いたような状況《じょうきょう》だった。

しかも、イギリスは、日本にも負けていたしね。太平洋では、あっさり負けて、戦艦《せんかん》を二隻《せき》とも沈《しず》められたし、空軍もやられた。さらに、ビルマには独立されたし、インドにも攻《せ》め込まれて苦戦したわけで、インドでは降伏まで行《い》ってないのかもしれないけども、結局は、インドの独立運動と結びつき、戦後、ガンジー等によって、インドの独立が勝ち取られる伏線にはなったわね。

だから、日本は、インド人に喜ばれたんだろうと思う。日本は、インドにとって、間違いなく〝解放軍〟だっただろう。

中国の蔣介石《しょうかいせき》は攻められていたから、そうは思ってなかったかもしれないけども、少なくともインドにとって、日本が解放軍であったことは間違いない。

まあ、中立的に価値判断したら、ある程度、言い分はあったという面はあるね。

なぜ、「東京大空襲《だいくうしゅう》」を実行したのか

武田　先ほど、「原爆は、すでにできていたのだ」とおっしゃっていました。

トルーマン　理論上はできていたんだけど、実際に、実験をやるかどうかの段階で

はあったね。

武田　その際、「ドイツに落としてもよかったのだが、キリスト教国であったために、日本に落とした。やはり、日本人に対する理解が足りなかった」というお話でしたけれども、原爆の破壊力《はかいりょく》に関しては予測ができていたと思います。

結局、広島・長崎《ながさき》と二回、落とされたわけですが、投下当日に、合わせて約二十万人ぐらいの方が亡くなっていますし、その後の被害《ひがい》も考えれば、三十四～三十五万人ぐらいの方が亡くなっています。

さらに、その前に行われた東京大空襲《だいくうしゅう》についても、無差別殺戮《さつりく》と言って過言ではありません。

トルーマン　うーん。そうだろうね。ああ……。

武田　当時の資料によれば、「木造建築ばかりの日本に、夜間、どのように焼夷弾《しょういだん》を落とせば効率よく燃え広がるか。つまり、どれだけ効率よく大量の人を殺せるか」ということが計算され、計画的に空襲が行われたことが分かっています。

トルーマン　うーん、それも開戦時には決まっていたことなんだ。「日本には木造建築が多いために燃えやすいから、火災によって都市部を焼き払《はら》おう」ということは、開戦時には、だいたい決まっており、最終的に、その方向で、東京空襲まで持っていく計画ができてはいたね。

武田　なぜ、そこまで恐《おそ》ろしいことが意図できたのでしょうか。

トルーマン　まあ、先ほどの「ロンドン対ベルリン」の話ではないけども、双方《そうほう》の都市が廃墟になる寸前まで戦っているのに、止まらない……。

武田　止まらない？

トルーマン　うん、止まらないもんだよな。「降伏する」ということは、最後に、「首都陥落《かんらく》」まで行かなければいけないわけだ。

ただ、空襲で日本を焼こうとした理由は、やはり……、とにかく日本が強すぎたわ。アメリカ軍をもってしても、怖《こわ》くて上陸作戦ができなかった。

沖縄《おきなわ》戦だけはしたけど、硫黄島《いおうとう》の戦いを見れば、日本は、すごく勇敢《ゆうかん》に戦ったと思うよ。だから、硫黄島を占領した（アメリカの）兵士たちは、今、記念碑《ひ》や映画がつくられ、英雄《えいゆう》として祀《まつ》られているんだ。

（日本兵は）火山島という、あんな劣悪な環境《かんきょう》で、水もなく、食糧《しょくりょう》もなく、四十度の熱風の下《した》で、地下壕《ごう》を掘《ほ》ってはいたが、外からの艦砲《かんぽう》射撃をガンガンに受けまくった。アメリカ軍は、「もう生き物は一匹《いっぴき》も生きていないだろう」と思う状況まで、「蜂《はち》の巣状態」まで弾《たま》を撃《う》ち込んだ上で上陸したが、それでも、アメリカ軍の死傷者数は二万名を超《こ》え、二万数千名にもなった。日本軍よりもアメリカ軍のほうが死傷者数が多かったんだ。

日本軍に、すごい名将がいたのは間違いないけど、あの硫黄島で亡くなった日本人や日本将兵を、私は、英雄として祀るべきだと思うよ。いや、すごいわ。

「日本人の脅威《きょうい》」を語り続けるトルーマン

武田　ただ、先ほどのお話によれば、戦争の前から計画があったわけですから、「硫黄島の戦い」や「沖縄戦」の結果、そうなったのではないと思うのです。

トルーマン　いや、日本上陸戦を行った場合、アメリカ人の死傷者は百万人ぐらいになると見積もっていたので……。

武田　「その見積もりは大げさすぎた」と、今、アメリカでは言われています。

トルーマン　今だから、そう言えるけども、あの戦いを見れば……。だって、圧倒《あっとう》的に日本軍が不利な状況なのに、アメリカ軍の死傷者のほうが多かったんだよ。アメリカは、艦砲射撃をしまくったし、日本は、食糧もなく、武器もほとんどないような状況で戦った。それなのに、日本のほうが有利だったのは、すごいですからね。

武田　しかし、日本は、非戦闘《せんとう》員への攻撃を一切《いっさい》しなかったと思うのです。

トルーマン　うーん、まあ……。

武田　それなのに、アメリカは、最初からそういう計画を持っていたわけですよね。これについては、どうお考えですか。

トルーマン　やはり、全体主義国家として見ていたことは事実だよね。

全体主義国家というのは、日本で言えば、天皇だけが〝女王蜂〟、あるいは〝女王蟻《あり》〟で、あとはみな、〝働き蜂〟、あるいは〝軍隊蟻〟のような状態だから、軍部だろうと国民だろうと、みんな価値観は一緒《いっしょ》だ。そういう全体主義国家だと見てはいたのでね。

そういう意味では、庶民《しょみん》だって、いつでも軍人になってくる体制だったし、実際に、どんどんと学徒動員をしたり、女性までも軍事のほうに動員したりしていた。

それに、われらには、「日本人は、生まれつき、遺伝子的に忍者《にんじゃ》になれる素質を持っている。男性であれば、みんな忍者になれて、日本刀さえ持たせれば必ず斬《き》り込んでくる」という刷り込みがあった。だから、「日本に上陸して、占領しても、夜中に斬り込んで襲《おそ》ってくるものだ」とみんなが思っていたんだ。

「天皇は統治に使える」と判断したマッカーサー

石川　連合国のほうは、講和のために、原則として「無条件降伏」を要求していたと思いますが、アメリカ側にそれだけ大きな被害が出るということであれば、例えば、天皇制は存続させるとか、そういう「条件付きの降伏」という案はなかったのでしょうか。

トルーマン　だから、残ったんだよ。〝酋長《しゅうちょう》〟である天皇を置いておかなければ、それをやると見たのでね。

天皇が「やめろ」と言ったら、あれだけ戦った日本がピタッと戦いをやめた。それを見て、「天皇の利用価値はまだある」と思ったわけだ。ゲリラが予想されていたので、「天皇を置いておくことで、天皇に言わせれば止められる。天皇に『やめなさい』と言わせれば、日本人はみんな言うことをきく」と見ていた。その意味で、

「統治のために使える」と判断したわけだ。マッカーサーもな。

原爆投下には、ソ連を牽制《けんせい》する目的もあった

石川　もちろん、日本側の外交の不手際《ふてぎわ》というのもありますが、ただ、そのへんの条件については、もう少し、いろいろな妥協《だきょう》の余地があったのではないでしょうか。そうすれば、「原爆を落とすことなく、アメリカの勝利で終わる」という可能性もあったと思うのですが。

トルーマン　だからね、私もちょっと長生きしてしまったので、（資料を見て）ここに、「一九七二年、八十八歳《さい》まで生きた」って書いてあるけど、それまでに、二、三十年？　いろいろと考える期間がだいぶあった。それから、ソ連との緊張《きんちょう》、競争が、その後に始まったのも見ていたしね。

でも、戦争中、すでに「次の仮想敵はソ連だ」と見えてきていたので、いち早く

原爆を使用してみせて、アメリカの軍事的リードを示そうとした。戦後の次の覇権《はけん》戦争は、もうすでに戦中に始まっていたのでね。

だから、アメリカは原爆を使ってみせることで、ソ連を牽制《けんせい》した。実際にベルリンに占領をかけたのはソ連だからね。ソ連も、ヒトラー政権を倒《たお》したっていう意味では、戦後のリーダーとして名乗りを上げる資格はあった。

その意味で、ヤルタ会談（一九四五年二月）のあたりで、戦後の覇権争い、冷戦はすでに始まっていたんだ。

原爆を二発落としたのは「実験」のため

武田　そうであれば、なぜ二発も落としたのですか。
トルーマン　いや、「ちょっと種類が違うものを実験した」ということだ。

武田　実験ですよね。

トルーマン　うん。長崎型と広島型は、ちょっとタイプが違うので、「それぞれ、どのくらい攻撃力があるかを調べた」ということです。

武田　「日本人が何十万人も死ぬ」と分かっていたのに、それを落とした理由は何ですか。

トルーマン　でも、上陸戦をしても、結局、そのくらいの人数が死んでいるのは間違いない。

本当に申し訳ないと思うけれども、もし、海兵隊のように上陸して戦ったとしても、長崎も広島も、海軍の軍事基地だからね。広島は戦艦大和《やまと》が本拠地《ほんきょち》にしていた所で、軍事工場の基地だから、それは当然、攻撃を受ける対象になる。

その結果、実際に死傷者は多数出ただろうと思われる。「上陸作戦で死ぬか、原爆で死ぬか」の違いはあっても、そのくらい死ぬのは予定していたので、死に方が違ったかもしれないけど……。

アメリカが戦後に行った「原爆投下を正当化するPR」

武田　しかし、ポツダム宣言が七月二十六日に発せられて、二十七日に日本に届いたわけですが、日本には、それを受諾《じゅだく》し、ソ連を仲介《ちゅうかい》として降伏する用意があったのです。

トルーマン　ああ、そうだね。

武田　それはトルーマン大統領もご存じでしたよね。

トルーマン　ああ、そうだ。

武田　それなのに、原爆を落としたのは、矛盾《むじゅん》するのではないですか。

トルーマン　それはまあ、戦後の歴史の確定の仕方でね。戦後、アメリカもＰＲをそうとうやりましたからね。勝ったほうのＰＲだからフェアではないとは思うけれども、やはり、自分たちの戦争を正当化しなきゃいけない。

そういう意味で、「終戦を早めるために落とした」とか、「ソ連の占領を止めるために急いだ」とかいう考えもあった。

武田　「このままで行けば、被害が大きくなる」とか。

トルーマン　うん、そうそうそう。確かに、ソ連は、東日本を占領する計画を持っていて、「一カ月あったら北海道は取れる」と見ていた。九月いっぱいで北海道占領は可能で、もう少しあれば本州に入って南下してくるつもりでいた。要するに、日本が、東ベルリンと西ベルリンみたいな東西分割《ぶんかつ》や、あるいは、朝鮮《ちょうせん》半島の南北分割みたいになっていた可能性は、かなりあるわけだ。

そうなったら、君たちは何十年も苦しんだだろうと思うんだよ。

Ｆ・ルーズベルトがソ連に「対日参戦」を促《うなが》した理由

石川　ただ、Ｆ・ルーズベルト大統領は、けっこう対日参戦を促《うなが》していました。

トルーマン　うん？

石川　ソ連が日本に対して参戦することを、Ｆ・ルーズベルトはかなり要望していたと思いますが、それはなぜでしょうか。

トルーマン　日本にとっては、背後から敵が迫《せま》ってくれば、やはり、そらあ、「勝てない」と思うだろう。満州《まんしゅう》を中心に、中国大陸には日本の陸軍が百万以上いたからね。「最後は本土決戦」と日本は言っていたから、もし、これが全部、日本本土に撤収《てっしゅう》してきて戦闘に使われ、百万の陸軍に本土決戦をやられたら、アメリカの死傷者はすごい数になる。

全員が死ぬまで戦うとしたら大変なことになるのが分かったので、「日ソ中立条約を破棄《はき》させてソ連を参戦させたほうが圧力になる」と考えたわけだ。ただ、圧力をかけさせても、「アメリカリードのうちに終わらせる」というのが、政治家としての力量だな。

石川　「ソ連を参戦させるけれども、ソ連に日本を占領されても困る」というあたりが、アメリカの落とし所だったわけですか。

トルーマン　うん。そうそう。その前に勝つつもりで計画はしていた。

石川　では、ソ連を参戦させることで、日本に降伏を……。

トルーマン　「日本は、それで戦意がなくなるだろう」とは見ていた。

大陸にいた百万の陸軍を生かせなかったのは日本の戦略的失敗

トルーマン　日ソ中立条約があって、参戦しなかったから、逆に、ソ連はドイツに侵攻をかけることができた。
　ドイツはワルシャワ侵攻のあと、ソ連に侵攻したけど、ヒトラーの命取りは、結局、ソ連侵攻だと思うんだよ。ソ連に手を出さないでワルシャワで止《と》めておいた場合、ヒトラーは、あるいは勝った可能性もあると思うんだが、勢い余ってソ連まで攻め込んでしまったために、ソ連を敵に回しちゃったよね。これが、彼の寿命《じゅみょう》を縮めたと思うんだ。

ソ連は、ヒトラーと戦うために、日本に対して中立の立場であったわけだ。日本側から、もしシベリアを攻められたらたまらないのでね。

シベリアのほうを、もし日本軍に攻められたら、ソ連は、シベリア鉄道を使って大量の兵員を輸送せざるをえなくなり、ヨーロッパに兵員を集中させ、(ドイツと)正面で戦うことができなくなる。「二正面作戦」になって、ソ連は、日本とドイツの両方と戦わなきゃいけなくなるので、これだとベルリンが陥落しなかった可能性がある。ソ連が、日本とシベリアで戦っていた場合、日本が降参した段階で、まだベルリンが落ちていなかった可能性はあるね。

私が言うのはちょっと僭越《せんえつ》かもしれないけども、日本は戦略的に失敗したと思うんだよ。大陸のほうに、あれだけの陸軍を送っておりながら、これがほとんど生かせなかったことは、たぶん戦略的失敗だと思うし、「終戦の詔《みことのり》」で終戦したあと、大陸にいた軍隊のうち、六十万人以上がソ連の捕虜《ほりょ》になって、十年も抑留《よくりゅう》された。だから、この軍隊は、ほとんど役に立っていない。

ソ連（ロシア）は、以前、日露《にちろ》戦争で負けているので、日本と地上戦で戦いたくなかったのは分かる。だから、ドイツに集中したかったんだろうけど、もし、日本のほうが先に条約を破ってソ連に攻撃をかけていたら、ドイツが落ちなかった可能性はある。

そうすると、話としては、かなり難しい状態になるね。その場合はちょっと難しくなる。

日本も、ソ連を敵に回したくなくて、アメリカに集中したかったんだと思うけど、その場合、やはり、陸軍を全部使い切れなかったところがある。南の島に送り込めなかったしね。

次にありえたのは、これを本土決戦に持ってきて、「日本全土で戦う」という焦《しょう》土《ど》作戦だ。これは、本当に悲惨《ひさん》な戦いだろうから、もし、本土決戦までやったら、日本人の死傷者は、おそらく民間人も含《ふく》めて一千万で済まないところまで行っただろう。

3　日本人に対する差別意識

アメリカの公式見解は「原爆投下は有色人種差別ではない」

武田　トルーマンさんがグローバルな視点で見ていたことは分かりました。ただ、今日のメインポイントは「原爆投下の是非《ぜひ》」についてなので、もう一度、伺《うかが》いたいのですが、先ほども申し上げましたように、日本はポツダム宣言を受諾《じゅだく》しようとしていましたし……。

トルーマン　うん、そうだねえ。

武田　東京大空襲《だいくうしゅう》の段階で、ほぼ、戦う力はなかったと思うのです。

トルーマン　うーん。

武田　それを知っていたはずなのに、原爆投下という手段を取られました。日本を降伏《こうふく》に導くための手段は、ほかにもあったはずです。

トルーマン　うーん。

武田　原爆を使った背景には、やはり、トルーマンさんや、当時の欧米《おうべい》人に、有色人種に対する人種差別があったからではないでしょうか。

トルーマン　それを公式に認めるわけにはいかない。
有色人種ということであれば、同じく有色人種である中国を助けるために、戦いを始めたわけだからね。つまり、「『有色人種』対『有色人種』の戦いなら、どうでもいいじゃないか。日本が白人と戦っているなら別だけど、有色人種同士で戦っているなら、どちらが勝とうが関係ない」という見方もできるわけだ。

公式見解としては、そう言わざるをえないので、あえて言わせていただくけど、中国を助けたところから見れば、必ずしも有色人種差別で貫《つらぬ》かれていたとは言えない。

「強き相手は徹底的《てってい》に叩《たた》きのめす」のがアメリカのポリシー

武田　なぜ、日本人に対しては差別をしたのですか。

トルーマン　うーん。まあ、差別というよりはねえ……。アメリカは、弱い者に対しては慈悲《じひ》深い国家ですけど、強くなってきて、チャレンジしてくる者に対しては、ボクシングと一緒《いっしょ》で、「強き相手は徹底的《てってい》に叩《たた》きのめす」という国家なんですよ。

だから、変な日本語かもしれないけども、日本はそのくらい生意気だったわけね。日清《にっしん》、日露《にちろ》と勝ったのも十分生意気で、日本は二つ勝って、すっごい天狗《てんぐ》さん？うぬぼれた状況《じょうきょう》になっていたわねえ。

それで、緒戦《しょせん》も、はっきり言ってアメリカは大敗北で、太平洋から一掃《いっそう》されかねないぐらいだった。真珠湾《しんじゅわん》だけでも、かなりの被害《ひがい》を受けましたけども、あと、東南アジアでの戦いも、緒戦は全部アメリカ側の負けというか、アメリカだけでなくて、イギリスもフランスもオランダも、その他の国も、ぜーんぶ追い出された。日本軍が進駐《しんちゅう》するや否《いな》や、もう、ほとんど撃退《げきたい》されたような状況だったからね。

あのころは、日本のパラシュート部隊が空からウワーッといっぱい島に降ってきたら、もうほとんどヨーロッパは降参という感じだった。

母国からの支援《しえん》は大して期待できないし、いちばんの衝撃《しょうげき》は、チャーチルも腰《こし》を抜《ぬ》かして立ち上がれなくなったと言われたけど、不沈戦艦《ふちんせんかん》と言われた最新鋭《さいしんえい》のプリンス・オブ・ウェールズが、日本のちっぽけな航空機による急降下爆撃《ばくげき》で沈《しず》められたことだ。あの衝撃は、そうとうなものがあった。「航空機によって戦艦を沈めることはできない」というのが当時の常識だったのでね。

日本との戦争で、アメリカの不況《ふきょう》が一気に吹《ふ》き飛んだ

武田　では、開戦して半年の、日本の快進撃に対する仕返しというか、恨《うら》みを晴らすために原爆を落としたわけですか。

トルーマン　それは、ルーズベルトさんに訊《き》いたほうがいい。

アメリカでは、一九二九年のウォール街の大暴落からのリセッション（景気後退）が起き始め、日本が中国に進出したころ、不況《ふきょう》はいちばんの底になっていた。だから、日本が中国を占領《せんりょう》して、不況から脱出《だっしゅつ》しようとしているのを見て、「日本だけ、うまいことをやっている」というか、スニーキーに、卑怯《ひきょう》なやり方をしているように見えた。

石川　それ以前に、もし、日本に南満州《まんしゅう》鉄道の共同経営を持ちかけたハリマン（アメリカの実業家）を一緒に入らせていたら……。

トルーマン　そうそう。「アメリカにも権益をよこせ」とね。あのとき、アメリカが不況から回復し、日本とアメリカで中国を「半分こ」していたら、戦争はなかったかもしれない。

石川　満州国を建設したときに、スティムソン国務長官は、「日本と戦争をすべきだ」という考えを持っていたようですが、そのころから、かなり対日戦というのが……。

トルーマン　そうね。ルーズベルトは、ニューディール政策など、国内政策をそうとうやったけど、あれだけの大不況になると、戦争でもして軍需《ぐんじゅ》産業を活性化しないかぎり回復できない。

あれで、アメリカは、軍需産業を中心に工業力がすごく発達した。戦争というのは消耗戦《しょうもうせん》だから、飛行機も船もジープも、いろんなものがどんどん消耗するし、弾《だん》薬《やく》も使っていくから、いくらでもつくれるわね。消費してもらわないとつくれませんからね。

その意味で、ヨーロッパと日本とで、ものすごい消耗戦をやったので、アメリカの不況が一気に吹き飛《ふ》んだ。だから、「日本様様《さまさま》」なんですよ。

日本と戦争を始められたので、アメリカは不況を乗り越《こ》え、戦後最大の経済国家・工業国家になったわけだ。

石川　なるほど。そのあたりについては、Ｆ・ルーズベルト大統領にもお訊きしたいと思います。

「人種差別主義者だった」と言われるのがいちばん厳しい

武田　すみません。少々しつこいのですが、トルーマンさんに関しては、「人種差別主義者だった」という記録も遺《のこ》っています。

トルーマン　あ、それ、いちばん厳しいな。

武田　これについて、ご見解を頂きたいのです。

トルーマン　いやあ、それは厳しいな。結果論的に、そう言われることは、ある程度やむをえない。「原爆を日本という黄色《おうしょく》人種の国に落とした」ということだろ？
　これがあるからさ、今だって、アメリカはイランを攻撃《こうげき》したくても躊躇《ちゅうちょ》しているし、シリアにもまだ介入《かいにゅう》できないでいる。オバマさんが黒人大統領であるから、有色人種差別ができないのも当然あるとは思うけどね。だけど、いやあ、それはいちばん厳しいね。戦後、僕《ぼく》は、それでいちばん苦しんだんだ。

武田　例えば、ユダヤ人を嫌《きら》われていましたよね。

トルーマン　うーん？　ユダヤ人を嫌っていた？

武田　はい。イスラエルが建国されるときにも、初めは反対をされていたそうですし……。

トルーマン　うーん、まあ、それは、いろいろ複雑なものが背景にはある。ユダヤ人が千九百年間、地球上をさまよった背景には、深い歴史的・文化的なものがあるので、「同情だけで国までつくっていいのか。それが新たな火種になるのではないか」ということぐらいの予測はついたからね。

武田　日本が降伏した直後にも、日本人を、「悪辣《あくらつ》で残忍《ざんにん》な野蛮人《やばんじん》だ」というように言っていたという記録も遺っています。

トルーマン　ただ、敗戦後の日本を支援する体制については、日本人は、だいぶ感謝してくれたんじゃないかと思う。

「敵が強いときには全力で倒《たお》すけども、いったん敗れた相手に対しては、称《たた》え、優《やさ》しい」というのがアメリカ人の特徴《とくちょう》なので、戦後の復興にはずいぶん力を貸したと思う。

同じように、「ヒトラーによってあれだけ大量惨殺《ざんさつ》されたユダヤ人を助けてやりたい」という力が大きく働いていたのは、そうなんだろうと思うけどね。

戦意のない日本に、なぜ原爆を投下したのか

武田　そういう面もあるとは思いますが、ただ、そうかといって、二発の原爆により合計三十四、五万人の日本人を虐殺《ぎゃくさつ》したことは正当化できないと思いますし、原爆投下には、トルーマンさんの人種差別観が影響《えいきょう》しているのではないでしょうか。

トルーマン　うーん。でも、本土決戦になれば一千万は覚悟《かくご》しなきゃいけない。

武田　いや、ですから、日本はすでにポツダム宣言を受諾しようとしていて、日本には、もう戦う気持ちがなかったわけです。

トルーマン　いやあ、ポツダム宣言受諾と言っても、明治維新《いしん》のときだって、新政府ができたあとも反乱が起きて、延々と戦いをやっていたじゃないですか。だから、

進駐軍が行っても、まだまだゲリラ戦が続いていくかもしれないので……。

武田　それは理由にならないと思います。

酒井　それは、人を殺す正当性にはならないですよ。

トルーマン　うーん……。まあ、でも、原爆……。

酒井　日本は、東條《とうじょう》内閣が倒れたあと、講和を求めていたんですよ。

トルーマン　うーん、まあ……。

酒井　なぜ、それに乗らず、原爆で人を殺したのですか。

トルーマン　うーん……。

日本人を「対等な人間」と認めていなかったのは事実

酒井　あなたには、東京裁判でA級戦犯《せんぱん》を認定する資格があったのですか。

「人道に対する罪」で言えば、あなたこそ〝A級戦犯〟です。

トルーマン　うーん、まあ、日本人から見れば、そう……。

酒井　いや、日本人ではなく、世界から見てそうなると思います。

トルーマン　いやあ、せ……。

酒井　「人道に対する罪」とは何ですか。

トルーマン　うん、だから……。

酒井　「平和に対する罪」とは何ですか。

トルーマン　日本人を対等な人間と認めていたら、そういうことになるわねえ。

酒井　東京裁判は戦後のことです。あなたは、「戦ったあとは、弱い者に対しては慈悲深い」と言っていましたよね。

トルーマン　戦争中、日本人を、白色人種と同じような人類と認めていなかったのは事実だな。

「アメリカの行為《こうい》」とのバランス上必要だった「南京大虐殺《ナンキンだいぎゃくさつ》」

酒井　あなたに騎士道《きしどう》精神はあるのですか。

トルーマン　うん？

酒井　あなたはジェントルマンですか。

トルーマン　いや、まあ……。殺し合いのときは、そんなレベルではないでしょう。

酒井　では、人を大勢殺してもいいのですね。

トルーマン　まあ、殺されてもいたからね。

酒井　A級戦犯は、「多くの人を殺した罪」ということになっていますよね。

トルーマン　うーん。

酒井　ありもしない南京大虐殺《ナンキンだいぎゃくさつ》を捏造《ねつぞう》し……。

トルーマン　いや、戦後、そこがいちばん苦しいところでねえ。アメリカのやったことを、そういうふうに言われるから、そのバランスを取らなきゃいけないので、「日本人が、それくらい悪辣《あくらつ》でなければ困る」ということがあったわねえ。

酒井　それで、あなたは、戦後、のうのうと生きたわけですか。

トルーマン　「のうのうと」というわけではなくて、苦悩《くのう》しながら生きましたよ。

トルーマンは、死後、どういう世界にいるのか

酒井　死後、あなたはどこにいるのですか。

トルーマン　「どこにいるのですか」って、どこだろうねえ。知らないね。

酒井　知らないのですか。

武田　周りには、どんな人がいますか。

トルーマン　うーん？

武田　周りには。

トルーマン　うーん、まあ、孤独《こどく》だ。

酒井　孤独？

トルーマン　うーん。

武田　誰《だれ》かが会いに来たりはしませんか。

トルーマン　うーん……。まあ、軍人たちとか、政治家とかは周りにいるよな。

武田　どんな人がいますか。

酒井　原爆を落とした方は？

トルーマン　ええ？　いやあ、彼らに、直接、私らが話をしなきゃいけないようなものではない。兵士は、誰であろうと、命令があればやらなければならないからね。

酒井　原爆で亡《な》くなった方は、あなたの近くにいますか。

トルーマン　いや、それはないわ。それはない。「非人道的な日本人」キャンペーンで戦意高揚《こうよう》

酒井　原爆で亡くなった方のことをどう思いますか。

トルーマン　そのあと、水爆も実験したけど、結局は使わなかったしね。

酒井　あなたの理論は、「一千万人が死なずに済んだんだから、三十万人は死んで当然だった」ということですよね。その三十万の方の亡くなり方について、どう思いますか。

トルーマン　うーん……。まあ……。

酒井　焼け死んだ方々の気持ちは？

トルーマン　戦争中は、戦意高揚《こうよう》の目的もあったからねえ。アメリカのほうも、「日本人が、いかに非人道的で、人間ではないか」というようなことをキャンペーンとして一生懸命《いっしょうけんめい》に盛り上げていたのでね。

それに、民主党は人権を重視する政党なんだけど、今のような人権主義はなかったし、アメリカの「人権」というのは、リンカンが“men《メン》 are《アー》 created《クリエイティッド》 equal《イークォル》”と言っても、そのmenとは白人のことであったわけで、menのなかには、女性も入っていなければ、黒人も入っていなかったのよ。

女性の解放運動や、黒人の解放運動は、一九六〇年代に起きているので、私の原爆投下よりもっとあとだ。あの差別から見れば、（日本人を）同じ人間と見ていなかったことは事実だな。

白人至上主義団体「KKK」に加入していたトルーマン

武田　あなたは、クー・クラックス・クラン（KKK）に加入していましたよね。

トルーマン　うーん……。それは、公然と、みんな知っているのかい？

武田　知っています。

トルーマン　ありゃあ……。公然と知っているの？

武田　ええ、知っています。記録として遺っています。

トルーマン　まあ……。

武田　完全に人種差別主義者ですよね。

トルーマン　でも、知らないんじゃない？　（聴衆《ちょうしゅう》に）ＫＫＫを知っている人、手を挙げてください。うん？　でも、半分ぐらいじゃないですか。

武田　ＫＫＫは白人至上主義団体ですよね。

トルーマン　うーん、そうですね。

武田　北方人種を至上として、黒人やユダヤ人、アジア人などの有色人種に対しては、非常に低く見ています。

トルーマン　うーん……。戦後、本当はアメリカもまだ統一されていなかった。黒人も戦争には使いましたけど、「危険地帯に黒人をいっぱい送り込《こ》んだ」という黒人側からの告発は、ベトナム戦争ぐらいまで、ずいぶん多かったよね。「いちばん死ぬ率が高いところに黒人部隊を送り込んだ」ということでね。

今は、だいぶ改善されているけど、そういうものが色濃《いろこ》くあった。もともとＷＡＳＰ《ワスプ》（ホワイト・アングロサクソン・プロテスタント）が優位の国であったのでね。国の始まりからそうであったので、その影響があったとは思う。

朝鮮《ちょうせん》戦争で原爆を使わなかった理由

石川　その後、朝鮮《ちょうせん》戦争が起きたとき、マッカーサーは、「原爆を使うべきだ」と進言しました。あちらも有色人種ですが、あなたは、その進言を受け入れず、最終的に彼を解任しています。

公式には、「ソ連との本格的な戦争、つまり第三次世界大戦を防ぎたかった」ということになっていますが、本当は、「人道上の罪が恐《おそ》ろしくなって、原爆を落とすのをためらった」ということでよろしいですか。

トルーマン　いやあ、マッカーサーの言うように、軍事的観点から見れば、原爆を使うべきだったと思う。使ったほうが勝利は確定したし、朝鮮半島の分断も……、これは戦後、何十年続いたのかねえ……。

武田　六十年ぐらいでしょうか。

トルーマン　もう六十年以上、南北分断が続いているけど、原爆を使っていたら、たぶん、この分断はなかっただろうと思うよ。もし、使う気があればね。

ただ、「日本に二発落とし、自分の手でさらに原爆を落とし続けるのは、かなり苦しかった」というのが、この時点での正直な気持ちだね。

4 「ファシズム対民主主義」は真実か

朝鮮《ちょうせん》戦争が始まったとき、日本を叩《たた》いたことに疑問が湧《わ》いた

石川　F・ルーズベルトの時代から、「米・英・ソ・中で世界平和の維持《いじ》に当たる」という「四人の警察官構想」があって、これは、今の国際連合の常任理事国の母体でしょうけれども、「第二次大戦は、『ファシズム対民主主義』の戦いであった」というレッテルが貼《は》られています。しかし、「これは、正確には違《ちが》う」ということでよろしいでしょうか。「日本はファシズムではなかった」と。

トルーマン　結局、朝鮮《ちょうせん》戦争は代理戦争だからね。

実際、北朝鮮だけであれば、韓国《かんこく》軍と米軍で十分に制圧は可能だったと思うけど、

北朝鮮があれだけ強かったのは、ソ連や中共（中国共産党）がバックについていたからだ。いくらでも食糧《しょくりょう》や軍事物資の応援《おうえん》があったから、戦い続けることができた。ベトナム戦争でも同じだ。ベトナムのときは、実際上、北ベトナムのパイロットをやっていたのは中共の兵士だったぐらいなので（笑）、中国との代理戦争だったわけだ。

だから、朝鮮戦争が始まった段階で、正直なところ、「中国を助けるために、日本を叩《たた》いたのは正しかったのか」という疑問は湧《わ》いた。

石川　では、戦後に東京裁判を行って戦犯《せんぱん》を裁き、「原爆で死んだのと同じぐらいの人が南京大虐殺《ナンキンだいぎゃくさつ》で死んだ」という嘘《うそ》を流して、さらに、日本国憲法という、たいへん……。

トルーマン　それは私が流したわけじゃない。アメリカにも諜報部《ちょうほう》がたくさんあるからね。そういう広報部門が、いくらでも考えてやるので、私が全部一人でやったわけじゃない。

石川　もちろん、トルーマン大統領だけではないかもしれませんが、この一連の流れというのは、やはり、「『日本は悪い国だった』という意識を染み込《こ》ませて、日本から〝牙《きば》〟を抜《ぬ》き、アメリカに二度と歯向かう気を起こさせないようにする意図があった」ということですね。

「ＫＫＫ」といえどもクリスチャンとしての良心がある？

石川　それで、朝鮮戦争のときには、「少しやりすぎたな」というように思われたと……。

トルーマン　一九四九年に中華《ちゅうか》人民共和国が成立し、毛沢東《もうたくとう》主義になった。私らは、蔣介石《しょうかいせき》と話をしていたけど、「毛沢東の共産党政府が立ち上がり、巨大《きょだい》な共産主義国家ができてしまった」ということだ。仮想敵としては、ソ連が第一ではあったけども、これも次なる敵になってくることは分かっていたし、その後、アメリカのマッカーシズムが吹《ふ》き荒《あ》れたことは、あなたがたも知っていると思う。赤狩《が》りがすごくてね。「共産党員は全部スパイだ」みたいな感じの赤狩りが吹き荒れましたけども、そういう価値観が変わろうとしているときだったわね。

だから、朝鮮戦争が起きて……。まあ、それは、原爆を使えば勝てた戦いだったかなと思うけれども、私もクリスチャン……、KKKはクリスチャンと言えないのかなあ。分からないけど。

武田　ちょっと……。

トルーマン　まあ、クリスチャンではないのかもしらんけど、いちおう表向きはクリスチャンではあるのでね。ＫＫＫは秘密結社で、表向きはクリスチャンだから、クリスチャンとしては、やっぱり自分の手において人類を殺し続けているようなのは、さすがにちょっと嫌《いや》だったかな。

「自己正当化の思想」をつくっていたアメリカ人

石川　では、マッカーサーが、戦後、アメリカ議会で、「日本の戦争は、自衛のための戦争だった」と発言したことが遺《のこ》っていますが、トルーマン大統領も、主として「自衛のための戦争だった」ということをお認めになりますか。

トルーマン　いやあ、「戦争に義戦《ぎせん》なし」だよ。だから、東條《とうじょう》だって、もし原爆を使える段階まで開発ができておれば、使った可能性はあるとは思うよ。まあ、どこで使ったかは知らんがね。空軍がなくなったから、もう使えなかったかもしらんけれども。

石川　ただ、今、振《ふ》り返ると、少なくとも、「ファシズム 対 民主主義」のように、はっきりと白黒が分けられるようなものではないわけですか。

トルーマン　そらあ、アメリカ人自身が自己正当化をするために、そういうふうに思想をつくっていったことは事実だ。

まあ、戦争というのは醜《みにく》いものではあるけど、君たちだって一緒《いっしょ》だよ。君らが、今、苦しんでいるのと同じで、「先祖が人殺しだった」とか、「親が人殺しだった」とかいうのは、やっぱり耐《た》えられるものではない。それは、「英雄《えいゆう》だった」ということにしたいわね。君らは、それを逆にされ、「悪人だった」「罪人《つみびと》だった」と言われて、今、苦しんでいるんだろうけどね。

「〝猿《さる》〟が悪さをしている」という戦時のプロパガンダ

酒井　いちばん大きな違いは、「民間人をどれだけ多く殺したか」というところではないですか。

トルーマン　うーん……。

酒井　「アメリカの戦争は正義なのかどうか」というところです。それは、「神対悪魔《あくま》」の戦いだったのですか。

トルーマン　君らが思っているほど、当時の日本人が立派には見えていなかったことも事実ではあるんでね。

武田　日本人は猿《さる》に見えていたんですよね？

トルーマン　うーん、まあ……。

武田　人間ではないと？

トルーマン　いやあ、猿ということは……。

武田「イエロー・モンキー」と呼んでいたのではないでしょうか。

トルーマン　まあ、日本人が、南の島で、褌《ふんどし》一つの裸《はだか》で走り回っているのをたくさん見ると、やっぱり、文明国には見えなかったところも……。

武田　「人間とは見ていなかった」ということですよね？

トルーマン　うーん……、戦時のプロパガンダとしては、そういうのをたくさん撒《ま》いていたんでね。そういう、戦意高揚《こうよう》映画から、ポスターから、もう全部、〝猿〟が悪さをしているみたいな言い方をしていた。

「ヨーロッパのカルマを解放する大東亜《だいとうあ》戦争」にも一理ある

酒井　では、日本の戦争は、善だったか、悪だったか、明確に言えますか。

トルーマン　うーん、分からない。「アメリカ発の世界大恐慌《だいきょうこう》に原因があった」と言われたら、こちらにも共同責任がないわけではない。

確かに、日本は、ヨーロッパが数百年の大航海時代以降につくったカルマを解放する運動を、「大東亜《だいとうあ》戦争」という言葉で言っていたんだろうけど、一部の真理があったことは事実だろうと思う。

石川　実際のところ、アメリカの国民は、戦争にまったく乗り気ではなかったと思うのですが。

トルーマン　そうなの。もともと乗り気じゃなかった……。

石川　つまり、「戦争気分を盛り立てるために、ドイツも日本も一緒くたにして、『悪の帝国《ていこく》』と言わざるをえなかった」という感じなのでしょうか。

トルーマン　それは難しいのよ。ヒトラーは、「独裁者」と言われているけど、ちゃんと選挙で選ばれた人なんだよな。だから、それを違うように言わなきゃいけないところが難しくてね。ヒトラーは、もともと投票で選ばれているんですよ。

石川　いや、日本にも議会制民主主義がありましたし、ヒトラーのように人道上の悪はありませんが。

トルーマン　いやあ、第一次大戦後のドイツの荒廃《こうはい》は、すごかったですから。それを、あっという間に経済的手腕《しゅわん》で立て直し、次に軍事的にも強国になり、力が余って、とうとう石炭地域の占領《せんりょう》にまず入ったんだよね。だから、「資源が欲《ほ》しかった」というのは、そのとおりだろう。鉄鋼や資源が欲しかったんだろうね。力が余って、やってしまったんでしょうけども、日本にも似たような気持ちはあったかなと思うんだ。

だから、ドイツ人には、ヒトラーが一種の魔法使いに見えたと思う。

オバマ大統領の「広島・長崎《ながさき》訪問」はあるのか

石川　また、オバマ大統領は、「原子爆弾《ばくだん》を落としたことには、人道上の罪があった」ということを言っていまして、「広島・長崎《ながさき》に行くことを検討している」という話もあります。

トルーマン　まあ、行けないだろう。石をぶつけられたり、暗殺されたりするのは嫌だから、行けないいんじゃないかな。

石川　人道上の罪として、それくらいのことはあったわけですか。

トルーマン　大統領を引退してからなら行くんじゃないか。大統領在任中は行けないんじゃないかな。行くと、先の米国の戦争責任を認めたことになるから、やっぱり行けないんじゃないかね。

5　東京裁判・日本国憲法・靖国参拝《やすくにさんぱい》について

「戦勝国が戦敗国を裁く」という東京裁判は公正ではない

武田　時間もなくなってきましたので、東京裁判についてお伺《うかが》いします。

トルーマン　うーん。

武田　この極東《きょくとう》国際軍事裁判は、本当に公正な裁判であったのかどうか。これについて、トルーマンさんは、どう思いますか。

トルーマン　いやあ、それはねえ、「戦勝国が戦敗国を裁く」というのは、公正なわけがありませんよ。だから、国連自体が公正じゃありません。戦争で勝ち残った国がつくった国連ですのでね。あれは、負けた国を永遠に封《ふう》じ込《こ》めるためにつくった組織なんですよ。

武田　なるほど。

トルーマン　戦後、戦勝国体制を続けるためにつくった体制なので、公正ではないです。

ただ、個人に欲があるように、やっぱり、国家としても、自分たちの利害というか、「利を維持《いじ》したい」という気持ちはあるからね。

だから、今にして思えば、アメリカ人から見ると、ソ連や中共を国連の常任理事国なんかに入れたくなかった。はっきり言ってね。あれが入っていなければ、もっと、いいものだったのに、ちょっと残念だ。

今だったら、ロシアや中共に代わって、日本やドイツに入ってほしいだろうね、はっきり言えば。

武田　はいはい。
では、当時のアメリカの大統領、つまり責任者としては、「東京裁判は公正ではなかった」ということをお認めになるわけですね？

トルーマン　それは、公正なはずはないよ。

武田　ないですね？

トルーマン　それはないですよ。

南軍を処罰《しょばつ》しなかったリンカンの偉大《いだい》さ

トルーマン　だから、本当は、リンカンと同じ立場を取るべきだったと思いますよ。アメリカでは、繰《く》り返しリンカンの映画がつくられ、リンカンの小説が出ていることから分かるように、リンカンは南北戦争をやったけど、終わったあと、南軍に対して誰《だれ》も処罰《しょばつ》していません。「同じアメリカ人だ」ということでね。

彼らが、「南部の利益を守るために戦った」ということはよく分かっていたからね。北部には、黒人奴隷《どれい》がほとんどいなかったし、綿花栽培《さいばい》のための大農場もなかったので、失うものがなかったけど、南部には失うものが明らかにあったから、彼らが財産権を守るために戦ったのを、リンカンはよく知っていた。「自分だって南部に生まれていたら戦っただろう」と思ったので、彼は裁かなかった。

だから、彼は偉大《いだい》なんだ。私は、彼ほど「偉大だ」とは言われていないでしょう？　勝の大統領だけどね。

「ルーズベルトに原爆投下責任を取ってほしかった」のが本音

石川　アメリカ人としては、認めにくいと思いますが、「原爆投下を命じた罪」というのはかなり大きく、やはり、明るい世界には還《かえ》れなかったのでしょうか。

トルーマン　いやあ……、（責任を）感じている……。いまだに感じてはいるよ。ただ、全体から見て、大統領である私がトップだから、私の責任と言えば、私の責任ではあるけれども、私だけで決めたものではない。民主主義社会として、いちおう、関係者全員の合意は得た。そらあ、政治家から、行政府から、議会から、軍部から、もちろん極東司令部まで、全部合意を得た上で落としてはいるので、反対があって落としているわけじゃない。

そういう意味で、私一人の独裁的な判断で落としたわけではない。責任から逃《のが》れられるわけではないけれども、いちおう、合意を得て落としてはいる……。

石川　そうですね。
でも、あなたの座右《ざゆう》の銘《めい》は、“The《ザ》 buck《バック》 stops《ストップス》 here《ヒア》.”ですよね？
トルーマン　うーん。
石川　「私が責任を取る」ということです。
トルーマン　いやあ、君、きついなあ。
石川　いや、いや。「私が責任を取るからやれ」というふうに……。
トルーマン　英語で来るかあ。そんなのは、出さないでくれ。

石川　これが、いちばん有名なトルーマン大統領の座右の銘です。

トルーマン　出さないで、出さないで。出さないでくれ……。

武田　それだけの覚悟《かくご》はあったのですか。

石川「私の責任で落とした」ということでよろしいのですね？

トルーマン　はっきり言って、俺《おれ》は、ルーズベルトに責任を取ってもらいたかったよ。「死ぬ」と思わなかったからさ。ルーズベルトにちゃんと終戦責任までは取ってほしかった。あとちょっとだったじゃないですか。あと四カ月ぐらい生きればよかったわけですから。ルーズベルトが……。

原爆投下は「人類史における必要な実験」だった？

酒井　ただ、当時、「原爆投下について、アメリカの内部でも反対意見はあった」ということを聞いているのですが。

トルーマン　それは、当然あるよ。

酒井　「それを押《お》し切った」とも聞いています。

トルーマン　いやあ、押し切ったも何も……。

でも、（日本は）地球の裏側だから遠いんだよ。だから、当時の感覚として、「極東での戦争を終わらせるために、新兵器を使う」ということなら、国民も受け入れると思った。要するに、ナショナリズム的に見れば、やっぱり、みんな、「お？

どんな新兵器かな？」と期待する気持ちのほうが大きかったわな。はっきり言えばね。それで、「向こうも一発で降参するだろう」と思ったところはある。
だけど、その後、原爆は、世界でたくさんつくられたけど、日本に二発使って以降、使われていないのを見れば、「実際に使用してみたら、どれほどの罪悪感があるか」ということを、みんな、ある程度、水面下で共有しているんじゃないかな。
まあ、日本は、南京大虐殺《ナンキンだいぎゃくさつ》だとか、従軍慰安婦《じゅうぐんいあんふ》だとか、いろんな残虐行為《こうい》について言われているけれども、「原爆で人を殺す」と言うんだったら……。でも、ユダヤ人の数のほうが多いかな？　殺されたのは六百万……。

武田　そうですね。

トルーマン　まあ、毒ガスで殺すほうが、ちょっと非人道的かな。新兵器を送り出すことが正しかったかどうかは分からないけども、戦争には、そういうイノベーションが付きものではあるので、「常に有効な武器をつくろう」というのはあることはある。

例えば、「相手が銃《じゅう》で撃《う》っているのに、こちらは大砲《たいほう》で撃つ」というのは、ずるいと言えばずるいけども、普通《ふつう》は大砲を持ったほうが勝つわな。まあ、「進化してきた」と言えば、そういうことではあるんでね。

（原爆投下は）非常に不幸なことではあったけども、「人類史のなかで、一度、実験されなければならなかったことではあるのかな」という感じはしています。

国際法を破ったアメリカは本当に「正義」なのか

酒井　東京裁判の話に戻《もど》るのですが、要するに、「国際法を破ったのはアメリカであって、日本ではなかった」ということですよね？

トルーマン　うーん……。

酒井　民間人を殺戮《さつりく》することに対して、ゴーサインを出したわけですから。

トルーマン　いや。日本が強かったんだよ、君たちが思っている以上に。

酒井　強い弱いは関係なしに、当時にも、国際法上、そういう制約はありました。

トルーマン　いやいやいやいや、国際法よりもねえ……。

酒井　それを守っていた日本人がA級戦犯《せんぱん》で裁かれて、守らないアメリカ人が何も謝罪せず、「正義」として生きているわけです。

トルーマン　それは無理だわ。戦後の日本に対して、食糧《しょくりょう》の配給や、その立て直しを手伝ったのはアメリカなんでね。それに対して、日本人が何か言うことは無理だったただろう。それは無理だったと思うよ。うん。それは無理だっただろう。アメリカの支援《しえん》なくして、戦後の立ち直りはなかっただろうね。

酒井　ただ、原爆は正当化できないですよね。

トルーマン　うーん……、確かに、そういう言い方はあるんだけど、ただ、戦争史を見るかぎり、補給を断《た》ったりするようなことはありえたことではあるし、「都市部を炎上《えんじょう》させる」というのは、帰る所がなくなるみたいな感じで、向こうの戦意をなくすわけだ。そういうのは、すごく大きなことではあったからね。

酒井　しかし、それは、「近代の戦争ではなくそう」ということになったわけですよね?

トルーマン　うん。東京空襲《くうしゅう》も、そりゃあ、私が立てた作戦ではないんだけどね。それは、空軍の……。

酒井　それは、Ｆ・ルーズベルトに訊《き》いたほうがよろしいですか。

トルーマン　空軍で、それを考えた天才的な人がいるので。

武田　そうですね。ただ、それを阻止《そし》しなかったわけですね？

トルーマン　それは、軍部の立案ではあるんだけどねえ。

日本の戦《いくさ》の伝統から見て「奇襲攻撃《きしゅうこうげき》」は分かっていた

石川　アメリカでも、「九・一一」で、民間人がたくさん殺されていますが、極端《きょくたん》なことを言えば、大規模なテロの始まりは、東京大空襲かもしれません。

トルーマン　まあ、でも……。

石川　テロと言いますか、民間人殺戮ですね。

トルーマン　でも、最初の不幸は、君たちがハワイを奇襲《きしゅう》したことだろうと思うよ。

酒井　それを知っていたわけではないんですか。

トルーマン　いや、いや。

でも、山本《やまもと》（五十六《いそろく》）長官は「奇襲にならないように」ということを繰り返し言っていたのに、「外務省が遅《おく》れた」と言っているよね。言い訳として、「タイプで訳すのが遅れて、（宣戦布告が）一時間遅れた」と言っているけど、「わざと遅らせたのではないか」という疑いはそうとう強かったのでね。だって、実際、事前に言ったら、撃ち落とされるのに決まっているじゃないですか。

それに、歴史的に見て、日本では、奇襲攻撃《こうげき》が戦争の伝統だから、「奇襲したいのだろう」というのは、だいたい分かっていたからね。

武田　はい。そのあたりは、F・ルーズベルトさんに訊こうと思います。

トルーマン　そうだね。

「日米共同で満州《まんしゅう》経営に乗り出すべきだった」との後悔《こうかい》

武田　トルーマンさんが行った「もう一つのこと」についてお訊きします。あなたが蔣介石《しょうかいせき》への支援を打ち切ったため、中国共産党が内戦に勝ってしまい、それが現在の共産中国を生むことにつながっているわけですが、これについては、どう思われますか。

トルーマン　これについては、今、後悔《こうかい》しています。中国共産党が、こんなに力を持って、あんな巨大《きょだい》な国になり、次のアメリカの仮想敵になってきているわけだからね。

武田　そうです。なってきています。

トルーマン　次はアメリカが危なくなってきている。

武田　はい。

トルーマン　ちょっと、こんなになるとは思わなかったので、中国に民主主義国家をつくれなかったところは残念です。これで考えれば、「先の大戦が始まる前の段階で、日米が共同で満州《まんしゅう》経営に乗り出しているのが、本当はベストだったのかな」という気はしますね。

武田　はい。

日本国憲法の押《お》しつけは「インディアン征服《せいふく》」と同じやり方

武田　日本国憲法に関して質問なのですが、やはり、憲法九条の問題があります。

トルーマン　うーん。

武田　トルーマンさんの時代に、日本国憲法の草案がつくられ、第九条で、「戦争を放棄《ほうき》し、軍隊を持たない」ということになっているのですが、これに関して、当時、トルーマンさんは、どう考えていたのでしょうか。

また、今、おっしゃったように、中国が覇権《はけん》を伸《の》ばしてきているのですが、現在の国際情勢を踏《ふ》まえて、意見を教えてください。

トルーマン　それはねえ、ひどいひどい憲法だよ。だから、朝鮮《ちょうせん》戦争が始まった段階で、アメリカは誤りを認めたんだよ。「それは独立国家に押《お》しつけてはいけない憲法だ」ということぐらい、もう分かっていて、アメリカのほうは、それを手放したんだけど、日本のほうが固執《こしつ》しちゃったんだよな。

　だから、ひどいと思うよ。それは、インディアンにやったやり方と、まったく一緒《いっしょ》なんだ。騎兵隊《きへいたい》がインディアンを征服《せいふく》して、彼らを武装解除したのと、まったく同じやり方だと思う。独立国家としての日本の尊厳を認めるんだったら、それ（九条）は、やってはならない条項《じょうこう》だろうね。

武田　やはり、「『自国を守るための軍隊が持てない』ということが、憲法に記《しる》されていること自体がおかしい」と？

トルーマン　これで、日本人は洗脳されたんだろうからね。「軍隊を持って外国人を殺すぐらいなら、私たちは全滅《ぜんめつ》します」ということを誓《ちか》わされたわけだろう？そういうことだろう？

武田　洗脳することを決断したのは、トルーマンさんと言っても過言ではないのですけれども。

トルーマン　私……、私なのかなあ。まあ、知らんけども、とにかく、ほんの五年ぐらいだよ。朝鮮戦争が始まったときには、本当は持説を撤回《てっかい》していたのでね。「日本は悪い国だ」と思っていたんだけど、戦後、実際に日本と交流が始まってみたら、けっこう、先進的な国で、昔から優《すぐ》れた文化があった。「戦前の日本に民主主義があった」なんて、アメリカ人は、みんな、知らなかったんだからね。

武田　そうですね。

トルーマン　アメリカ人は、大正デモクラシーとか、明治維新とかの偉大さをよく知らなかったので、「日本は歴史のある国だ」ということが分からなかったのかな。

涙《なみだ》ながらに、「反省の言葉」を述べるトルーマン

酒井　では、最後の質問です。

今、日本では、政治家が靖国参拝《やすくにさんぱい》をすると、各国から非難されるような状況《じょうきょう》ですが、そういった戦争で戦った方々に対しては、どう思われていますか。

トルーマン　それは参拝すべきだよ。うん。当然だと思う。そりゃあ、国籍《こくせき》は関係ないと思う。戦った相手は、何て言うか、私欲で戦ったわけじゃないし、国を守るために戦って敗れた人たちなので、やっぱり、あとにある人が祀《まつ》るのは、当然なんじゃないですか。

酒井　「A級戦犯が祀られているから、参拝してはいけない」という意見もありますが。

トルーマン　それは間違《まちが》いですね。それは間違いだと思う。

もし、私らのほうが逆に負けていたとしても、外国から「そこには参拝しちゃいかん」と言われたら、やっぱり、アメリカ人としては許せないですな。人類平等の立場に立てば、それは言ってはならないことで、言うほうがいけないと思う。

今、フェアに世界の戦史を振《ふ》り返ってみれば、日本軍は実に立派だったと思うよ。だから……、ごめんね。

（突然《とつぜん》、涙《なみだ》を流しながら）こんな資源のない小さな島国の人たちが、本当によく戦ったよ……。ごめんね。本当にかわいそうだと思うよ。

本当に資源がないのに……。それは、ルーズベルトに訊いてもらいたいが、石油も、石炭も、鉄鉱石も止められて、それで戦い続けた。これはかわいそうだよ。ああ、本当によくやったと思うよ。

だから、日本の軍人たちを許してやらなきゃいけない。よく頑張《がんば》ったよ。ああ、かわいそうだった。本当にかわいそうだった。私は今、反省しなきゃいけないと思っている……。すまなかった。

今の現職の大統領も、たぶんお詫《わ》びができないだろうから、原爆を落とした私のほうから言うけども、私だって、東條《とうじょう》の立場だったら、やっぱり開戦したと思う。間違いなく開戦したと思う。ああ……、悪かった……。

武田　はい、分かりました。（他の質問者に）よろしいですかね？

トルーマン元大統領、今日は、本当にありがとうございました。

トルーマン　はい。

大川隆法　（トルーマンに）ありがとうございました。

ああ……。やはり、けっこうつらいのでしょう。

武田　そうですね。

大川隆法　原爆を落とした最終責任というのは、半永久的に忘れられないものなのかもしれません。

武田　それくらいのものだったと思います。

大川隆法　千年たっても、忘れられないぐらいのものなのかもしれません。恨《うら》んでいる人もいるでしょうからね。

第2章

世界最強国としての誇《ほこ》り

――F・ルーズベルト元大統領の霊言《れいげん》――

二〇一三年六月三日　収録

東京都・幸福の科学　教祖殿《きょうそでん》　大悟館《たいごかん》にて

フランクリン・ルーズベルト（一八八二～一九四五）

アメリカ合衆国の第三十二代大統領。世界恐慌《きょうこう》期に大統領に就任し、「ニューディール政策」を推進して経済を再建。日本の真珠湾《しんじゅわん》攻撃《こうげき》を契機《けいき》に第二次世界大戦に参戦し、連合国の指導にあたるが、勝利目前に急死。その国際組織の展望は、死後、国際連合として実現した。

質問者　※質問順

武田亮《たけだりょう》（幸福の科学副理事長 兼《けん》 宗務《しゅうむ》本部長）

石川雅士《いしかわまさし》（幸福の科学宗務本部第一秘書局局長代理）

酒井太守《さかいたいしゅ》（幸福の科学宗務本部担当理事長特別補佐《ほさ》）

［役職は収録時点のもの］

1　太平洋戦争開戦に至る経緯《けいい》

フランクリン・ルーズベルト元アメリカ大統領を招霊《しょうれい》する

大川隆法　それでは、トルーマンの前の大統領で、偉人《いじん》でもあるのでしょうが、二十世紀の歴史をつくったフランクリン・ルーズベルトをお呼びします。二十一世紀において、その体制が、次の混乱要因にもなっていますけれども、どうでしょうか。これについて訊《き》いてみましょう。

では、フランクリン・ルーズベルト大統領よ。

戦争開始時の第三十二代アメリカ大統領、フランクリン・ルーズベルトよ。

どうぞ、幸福の科学 教祖殿《きょうそでん》 大悟館《たいごかん》にご降臨たまいて、われらに、その開戦の真意と、日本に対する戦争の評価をお教えください。

また、現在の日本が新しい中国の覇権《はけん》、あるいは北朝鮮《きたちょうせん》の野蛮《やばん》な行為《こうい》等に対して、どのように振《ふ》る舞《ま》うべきなのか。

終戦体制を維持《いじ》すべきなのか、あるいは独自に対応すべきなのか。

今、ルーズベルト大統領はどのようにお考えなのか。

どうか、その心の内を明かしたまえ。お願いします。

（約二十秒間の沈黙《ちんもく》）

日・独・伊《い》の「三国防共協定」自体は必ずしも間違《まちが》いではない

武田　おはようございます。

F・ルーズベルト　うーん……。

武田　アメリカ第三十二代大統領、フランクリン・ルーズベルトさんでいらっしゃいますでしょうか。

F・ルーズベルト　ああ……。そうだ。

武田　ただいま、トルーマン元大統領をお呼びしていたのですが。

F・ルーズベルト　ああ……。

武田　お聴《き》きになっていましたか。

F・ルーズベルト　ああ、ああ。

武田　そうですか。分かりました。

まずは、それも踏《ふ》まえて、第二次世界大戦がいかなる大戦であったのか、今のルーズベルトさんのお考えを聴かせていただけないでしょうか。

F・ルーズベルト　うーん……。「日米がここまで友人関係になれるんだったら、別の選択《せんたく》もあったのかな」という気持ちはあることはあるな。時代が動いていくこともあるので、あちらのドイツ、イタリアと三国防共協定を結んだ段階で、日本の運命が決まったのかとは思うけれども、彼らの防共協定自体、すなわち、「共産主義に対する防波堤《ぼうはてい》になる」という考え方自体は、戦後の流れから見れば、間違《まちが》っていたわけではなかったのかなと思う。戦後のソ連や中共の悪さを見れば、「それ自体は間違っていなかったのかな」という感じはしないでもないですな。今のアメリカなら参加したいぐらいです。どちらかと言えばね。

日露《にちろ》戦争後に強まった「アメリカに対する日本人の不信」

武田　ただ、先ほど、トルーマンさんが、「アメリカには、かなり前から、日本を叩《たた》く計画があった」ということをお話しされていましたけれども。

F・ルーズベルト　うーん……。まあ、地政学的に、世界地図で見てもらえば分かるけれども、アメリカから東のほうは、大西洋を渡《わた》れば、もうすぐにヨーロッパだね。アメリカはヨーロッパから分かれてきた国で、フロンティアを求めて西海岸まで開拓《かいたく》していって、フロンティアが尽《つ》きたため、ニューフロンティアとして太平洋に進出を図《はか》り、ハワイまで出ていった。これが十九世紀の終わりだね。

次に、「二十世紀は、ハワイから、どこまで行けるか」ということだけども、インドから東南アジアまでのほとんどは、もう、ヨーロッパの植民地になっていて、植民地になってなかったのは、タイランドと日本の二つしかなかったわね。タイランドも日本も仏教国ではあったと思うけれども、タイランドは、そんなに他国に脅威《きょうい》を与《あた》えるような国ではなかった。だけど、日本だけが、さまざまな戦争で勝ってきていた。

まあ、はっきり言えば、日露《にちろ》戦争のときは、私ではないほうのルーズベルトである、セオドア・ルーズベルトがなかに入って、日本の判定勝ちに持ち込《こ》んであげたわけだから、セオドア・ルーズベルトのときは、どちらかと言えば、やや親日だったのかなと思うんだけどね。アメリカは、まだ親日だったのかなと思う。

だから、日露戦争のあと、日本政府が国民に、何て言うのかなあ、「対ロシア戦は、本当は危なかったのに、アメリカに仲介《ちゅうかい》してもらって、判定勝ちに持ち込んだのだ」ということを、もう少し正直に話して、納得《なっとく》してもらえたらよかったんだけども、日本人には、ちょっと納得しなかったところがあった。「ロシアから取れたものが少なかった」ということかな。

それで、すごい不満がなかにたまっていたので、アメリカは、実際、友人として仲裁《ちゅうさい》に入って、日本の勝ちにするように収めてあげたんだけれども、アメリカに対する日本人の不信がすごく強くあって、アメリカの日本人社会とも少しうまくいかなくなってきた。

日本を悪者に仕立て上げた「中国のロビー活動」

F・ルーズベルト　それと、もう一つ、中国のアメリカでのロビー活動がすごくうまかったのもあった。日本を悪者に仕立て上げていくところがうまかったので、それに、だいぶ乗せられたアメリカの政治家も多かったのかなと思うけどね。だから、「中国が、日本から被害《ひがい》を受けている」という言い方をすごくしてきた。

また、アメリカ人にとっては、中国の人種の違い、つまり、満州《まんしゅう》族や漢《かん》民族、その他、いろんな民族が入り乱れているようなところが、ちょっとよく分からなかったので、日本が満州を独立させてやっているのが、「自分たちの利益のために傀儡《かいらい》政権をつくってやっている」というように、いかにもあくどい感じに見えたのは事実だね。

石川　蔣介石《しょうかいせき》の奥《おく》さんの宋美齢《そうびれい》ですか。

F・ルーズベルト　そうそう。

石川　あの人がアメリカなどを回って、かなり反日感情を高めたと思うのですが。

F・ルーズベルト　そうそう。そうだ。あの人……。

石川　その影響《えいきょう》は、かなり大きかったわけでしょうか。

F・ルーズベルト　あの人は、アメリカで教育を受けたことがあったのかな。そのため、英語がとてもお上手で、アメリカ各地で講演して回った。日本人では、そういう人がいなかったわね。

だから、君たちは、早く英語をしっかり勉強しておいたほうがいいよ。そういうことになるからね（笑）。

武田　はい。

日本が満州《まんしゅう》を起点に中国全土を支配するように「見えた」

武田　それで、ルーズベルトさんご自身は、どのようにお考えだったのですか。

F・ルーズベルト　何を？

武田　中国、日本について。

F・ルーズベルト　うーん……。

石川　お母様は、確か、香港《ホンコン》にいたことがあったのではありませんか。

F・ルーズベルト　うーん……、まあ……。

石川　デラノ家ですか。

F・ルーズベルト　まあ、（中国は）日清《にっしん》戦争で、一度、日本に敗れているから、日本にもう一回攻《せ》められても勝てないだろうと思っていたところはあった。
　だから、私たち、まあ、アメリカとヨーロッパを含《ふく》めてだけど、「あの広大な中国大陸が、日本の植民地に全部なってしまう」ということには、みんな、納得はしていなかった。一部、租借《そしゃく》地域として、つまり、「ヨーロッパの国が中国の一部を租借している」というのはありましたけどね。「ドイツは青島《チンタオ》」とか、「フランスはここ」とか、あるいは「イギリスは香港」とか、租借という感じで、幾《いく》つか借りているようなものはありましたけど、「いずれ返還《へんかん》する」ということだった。

だけど、日本の場合は、そういう「租借する」という感じでなく、満州《まんしゅう》を起点にして、中国全土を支配下に置き、日本の傀儡国家にしようとしているような感じに見えていたのは事実ですね。

石川　「見えていた」ということで、実態は違います。

F・ルーズベルト　いやあ、実態は……。

石川　韓国併合《かんこくへいごう》なども、実際、国際的に承認《しょうにん》されていたわけですし……。

F・ルーズベルト　やってみないと分からないからね。でも、どこも介入しなければ、日本の属国になっていた可能性はあるわね。基本的になったでしょう。

武田　ただ、日本は、軍事占領し続けたり、属国にしたりするのではなく、当初から独立を支援《しえん》したわけですよね。

F・ルーズベルト　うーん……。

武田　そこが欧米《おうべい》と違うと思うんですよ。そこを、そのように捉《とら》えるのは、何か偏《かたよ》った見方があるからではないでしょうか。

F・ルーズベルト　まあ、宋美齢もいるけども、中国からアメリカ内部へのロビー活動が、そうとう活発になされたからね。
今も、あなたがたは、韓国とかにやられているね。日本は、そういう活動にとても弱いので、韓国なんかにそうとう悪く言って回られているけど、昔、同じことを中国にやられていた。「日本に侵略《しんりゃく》されているから助けてください」と言って回られたら、アメリカ人のほうも、だんだんに火がついてくるからね。

「日米の勢力拮抗《きっこう》」へのアメリカの危機感

武田　客観的には、中国に親近感を持たれていて、日本に対する敵愾心《てきがいしん》といいますか、反日的な考えをお持ちだったように思うのですが、それは、いつからなのでしょうか。

F・ルーズベルト　第一次大戦で、ヨーロッパは、そうとうな惨状《さんじょう》だったんだけどね。やっぱり、日本が、何て言うか、非常に利己的に見えたのかなあ。「汗《あせ》を流さない」という感じかなあ。そういうふうに、ちょっと見えたかな。

石川　それは、「日本人が汗を流さない」ということですか。

F・ルーズベルト　地中海ぐらいまでは、艦隊《かんたい》を派遣《はけん》してみせたりはしたんだけど、実際上、戦いはしていないですからねえ。

石川　それよりも、鉄道王のハリマンの事件などがありましたが、「中国の権益をアメリカにもよこせ」というのが本音ではないのですか。

F・ルーズベルト　うーん……。

石川　例えば、大統領に就任されたときは、ＧＤＰが一九二九年の約半分ぐらいにまで落ち込み、失業率も二十五パーセントぐらいになっていたと思います。やはり、「戦争を通して経済をよくしたい」という気持ちもあったのではないでしょうか。

Ｆ・ルーズベルト　中国全土を日本に取られたら、日本はアメリカと拮抗《きっこう》するぐらいの勢力になってしまうでしょう？　やっぱり、「それは、ちょっと困る」という感じはあったね。人口的にも、面積的にも、それから資源とか、いろんな面から見ても、「中国が、全部、日本のものになったあと、アメリカが押《お》っ取《と》り刀《がたな》で日本と戦うことになったら大変なことになる」という感じはあったな。

石川　当時、アメリカは、必死になって、四カ国条約を結んだり、米英と日本の軍艦の比率を五対三にしたり、いろいろと日本を封《ふう》じ込めようとされていましたよね？

F・ルーズベルト　うん、そうだね。軍縮があったあと、よく戦争が起きるんだよ。そのへんからも、日本の軍部は、そうとう頭にきていたのだと思うけどね。

ドイツから教わった「輸送船への攻撃《こうげき》」という作戦

石川　すみません。第二次大戦の開戦時のことについてお伺《うかが》いしたいのですが……。

F・ルーズベルト　うーん。

石川　当時、ドイツがヨーロッパのかなりの部分を支配しており、イギリスも負けそうな状態になっていたと思います。

そこで、大変な危機感を持たれたルーズベルト大統領は、「中立法」（戦争状態の国への関与《かんよ》を制限したアメリカの法律）を破り、ある意味、第三国として、アメリカからイギリスへ物資の輸送をしたわけです。

ただ、それに対し、ヒトラーは、「ドイツの潜水艦《せんすいかん》で攻撃《こうげき》するな」と指示していたとも言われ、アメリカとはあまり戦争をしたくなかったのではないかと思います。

一説に、「ルーズベルトは、ドイツを挑発《ちょうはつ》しても乗ってこなかったため、ドイツを叩き潰《つぶ》すために日本を使った」とも言われていたのですが、このあたりはどうなのでしょう？

F・ルーズベルト　まあ、さっきも、「（アメリカが）民間船を攻撃した」ということをだいぶ言っていた人がいたけれども、ドイツが先に「Uボートによる無差別攻撃」を始めたんだよ。つまり、アメリカの輸送船をUボートで沈《しず》め始めたのはドイツのほうなんだよね。（民間船への攻撃は）それが始まりだ。それで、他の国も同様の作戦に移っていったところがある。あれは国際法違反《いはん》だけどね。

それに対して、いわゆる「護送船団方式」というのが編み出された。船団を組み、その周りを駆逐艦《くちくかん》で囲んで移動するようになってから、被害が激減した。そういう新方式をつくったわけだね。

まあ……、だから、「輸送船を沈めたら効果が大きい」というのは、実は、ドイツが教えてくれたことではないかな。

石川　アメリカは、イギリスに物資を送るにも、アメリカの軍艦で護衛していたと思います。

F・ルーズベルト　日本は、もう、島が多すぎて、護衛する軍艦までなくなってきたんだろうけどね。

真珠湾攻撃《しんじゅわんこうげき》がなくてもアメリカは参戦していた

石川　要は、ドイツと日本を同時に叩き潰すつもりだったのか、それともドイツを叩き潰すために、日本を、ある意味で、「スニーキー・アタック」に誘《さそ》い込んで利用したのか。そのあたりはどうなのでしょうか。

Ｆ・ルーズベルト　（アメリカにとって）イギリスは、いちおう、「マザー国家」なのでね。アメリカ人は、（イギリスからの）独立戦争をしたけども、イギリスが滅《ほろ》びることは容認しない。「『イギリスが滅びる』というなら、アメリカ人も戦う」というのは、予想されていたことではあった。

石川　ただ、真珠湾攻撃《しんじゅわんこうげき》の前には、「アメリカは戦わない」という世論《せろん》調査が出ていたと思うのですが。

Ｆ・ルーズベルト　うーん……、でも、やはり、そういうわけにはいかんでしょう。ヨーロッパを見殺しにはできないからね。もちろん、強さだけで言えば、現実に、ドイツがヨーロッパの覇権を握《にぎ》ろうとしていたころなので、その調査どおりだったろうけども、（ドイツは）先の敗戦から立ち上がって覇権国家になろうとしていたし、アジアでは日本が覇権を握ろうとしていたわけだよね。

アメリカは、「孤立主義《こりつ》」が続いていた反動が来ていて、「このままでは取り残される」という感じになりかかっていたのは事実だ。

武田　しかし、真珠湾攻撃がなければ、やはり、アメリカの参戦はなかったのではないでしょうか。

F・ルーズベルト　うーん、たぶん、「真珠湾でなければ……」ということはなかった。アメリカは、もう、真珠湾攻撃を予想してはいたけれども、「それよりも先に、東南アジアへの奇襲《きしゅう》が来る」と思っていたのよ。日本の作戦を読めば、（東南アジアのほうが）近いのでね。「まず南下して、フランス領インドネシアや、その他、ヨーロッパの植民地のほうの攻撃を先にかけてくる」と読んでいたんだが……。

武田　それでは、そういう日本の奇襲を促《うなが》すような手段を、いろいろと講じていたわけですよね？

F・ルーズベルト　いやあ、「講じていた」と言ったら、あれだけどね。ハワイではないいんだけれども、攻撃されてもいいようなオンボロのタンカーを、東南アジアのほうで、ちょっと走らせてみたりしたことはあるよ。「(日本が）攻撃するんじゃないか」と思って……。

真珠湾《しんじゅわん》の「戦艦《せんかん》アリゾナ」は見殺しにされた？

石川　真珠湾《しんじゅわん》攻撃の日に、空母がいなかったので、「本当は真珠湾攻撃を知っていたのではないか。暗号をそこまで解読していたのではないか」という説もあるのですが……。

F・ルーズベルト　大統領の立場として、それを公式に言うのは、かなり苦しいねえ。それを公式に言うと……。

武田　いや、そこの真相を、ぜひ知りたいのです。

F・ルーズベルト　ええ？　うーん……。「開戦」の読みとして、真珠湾が攻撃されること自体は、二年ぐらい前に予想が立っていた。いや、もっと前に立っていたな。日米開戦の二十年ぐらい前に、もうシミュレーションは出来上がっていたのでね。

武田　ただ、当日、真珠湾には、旧式の戦艦《せんかん》アリゾナなどだけが残っていて、なぜか、新しい空母はなかったのですよね？

Ｆ・ルーズベルト　まあ、それには、ちょっと答えられないなあ。そうは言っても、アリゾナには千人以上も乗っていたからさ。真珠湾攻撃で亡《な》くなった三千人は、最近のワールドトレードセンターで亡くなった人の数と同じぐらいだから、大統領としては、「見殺しになると知っていて、見殺しにした」と言ったら……。

武田　それは、「計算」ではないのですか。

Ｆ・ルーズベルト　「見殺しにした」と言ったら、大統領としては失格だから、それは言えない……。

武田　言えないのですよね？

F・ルーズベルト　言えないなあ。

武田　それが事実だとしても。

F・ルーズベルト　うーん。

南方戦線の意義を揺《ゆ》るがす米中間の「ある密約」

石川　アメリカには「中立法」というものがあるにもかかわらず、例えば、「援蔣《えんしょう》ルート」ということで、アメリカの物資を中国に横流しして、極端《きょくたん》な話、「アメリカの退役《たいえき》軍人が、中国から日本を空爆《くうばく》する」という計画もあったようですが。

F・ルーズベルト　うーん……。

武田　実際にありましたよね?

F・ルーズベルト　さっきトルーマンが言ったように、アメリカには、基本的に、「弱い者いじめをする者は許さない」みたいなところがあって、弱いほうを助ける気《け》があるのでね。中国がやられているのを見て、見てのとおりであったので……。

武田　まず、「開戦前に退役軍人を中国に送り込み、アメリカの空軍や飛行機を使って、〝中国の軍隊〟として空爆しようとしていた」という事実は、一つ、ありましたよね?

F・ルーズベルト　うーん……。

石川　これは、「アメリカ国民に対する裏切りでもある」と思うのですよ。

武田　確かにありましたよね？　これは明らかになっていることですが。

F・ルーズベルト　うーん……、まあ、それは、明確には認められないですね。

それを明確に認めたら、南方戦線であれだけの被害を出しながら、わざわざ島嶼《とうしょ》戦《せん》を繰《く》り返し、島を占領《せんりょう》してまでして飛行場をつくって、日本に空爆をかけた意義が薄《うす》くなっちゃいますからね。

戦前の日本は今の北朝鮮《きたちょうせん》と同じようなもの？

石川　また、キッシンジャー（アメリカ元国務長官）の『外交』という本には、次のように書かれています。

“Roosevelt《ロウズベルト》 must《マスト》 have《ハブ》 known《ノウン》 that《ザット》 there《ゼア》 was《ワズ》 no《ノウ》 possibility《パスィビリティ》 that《ザット》 Japan《ジャパン》 would《ウッド》 accept《アクセプト》.”

つまり、「ルーズベルトは、『日本がこれ（ハル・ノート）を受け入れることはない』と知っていたに違いない」ということが書いてあるのですが、やはり、二年間、石油を断《た》たれたら、戦いになるのは当然であるわけです。

Ｆ・ルーズベルト　まあ、そうは言ってもねえ。今の北朝鮮《きたちょうせん》だって、本当は、もう勝ち目はないのに、なかなか納得しないじゃない？　「一時的に、ちょっと〝あれ〟しても、説得できる相手ではない」ぐらいは分かる。米中関係が最後にどうなるか、様子を見ているんだろうけど、基本方針は、なかなか、そんな簡単に変えるほどのものではないだろうからね。

まあ、（戦前の日本も）あんな感じに見えていただろう。

「日本軍の暗号」はいつ解読できるようになったのか

武田　日本の暗号は、いつから解読できていたのでしょうか。

F・ルーズベルト　うーん……、まあ、うーん……、うーん……、日本人の捕虜《ほりょ》は、けっこうしゃべったのよ。

武田　ああ。

F・ルーズベルト　日本の軍部は、「捕虜として捕《つか》まったら、自決せよ」とだけ教えていたけど、「自決できない状況《じょうきょう》で捕虜になってしまった場合」の対応マニュアルがなかったんだよ。そういう捕虜がしゃべったのでね。

それで、「墜落《ついらく》したり不時着したりした飛行機や、あるいは、急襲されて逃《に》げた部隊などの資料」から、また、捕まえた捕虜により、そういう「暗号を解読する方法」は分かっていたわけだよね。

武田　なるほど。そうすると、それは、具体的に何年からなのでしょうか。

F・ルーズベルト　だから、山本《やまもと》（五十六《いそろく》）長官（の搭乗《とうじょう》する軍用機）を撃墜したときには、もう完全に解読できるようになっていた。

武田　まあ、そういうことになりますね。

F・ルーズベルト　うーん。

「次の月曜日に攻撃《こうげき》の可能性」と予告していたF・ルーズベルト

酒井　私のほうから、少し質問してもよいでしょうか。

スティムソン陸軍長官の日記のなかに、一九四一年十一月二十五日の大統領の発言として、「『おそらく、米国は、次の月曜日に攻撃《こうげき》を受ける可能性がある』と注意を喚起《かんき》した」「『われわれは、これにいかに対処すべきか』を問題にした。要するに、問題は、『われわれ自身が過大な危険にさらされることなく、いかにして、最初の一弾《いちだん》を日本に撃《う》たせるような立場に誘導《ゆうどう》していくべきか』ということであった」といった内容が書いてあるのですが、当時、あなたは、何かおっしゃいましたよね？

F・ルーズベルト　う、うーん……、アメリカにはレーダーがあったからね。

石川　そうですね。「次の月曜日」、つまり、「十二月一日」あたりが、「最も危険になる」と言われたことになっています。

F・ルーズベルト　いや、あのねえ、「日本の連合艦隊が、広島を出てから、いなくなっている」ということが分からないわけはない（笑）。

酒井　では、「『いかにして、最初の一弾を日本に撃たせるような立場に誘導していくべきか』ということであった」と、当時のアメリカ陸軍長官の日記に書かれていた内容は……。

F・ルーズベルト　まあ、ハワイを最初にやらせたいわけではなかったんだけどね。今言ったように、「最初は、東南アジアのほうへの攻撃のつもりでいた」のは事実なんだがな。

真珠湾攻撃《しんじゅわんこうげき》の前日にアメリカ軍が出した不審《ふしん》な指示

武田　ただ、攻撃《こうげき》前日までの日本とハワイの領事館とのやり取りを傍受《ぼうじゅ》し、その内容をチャーチルやフィリピンのマッカーサーなど、ハワイ以外の要人に送っていました。「ハワイのほうへ近づかないように」と、うまく指示していたのではありませんか？

F・ルーズベルト　うん。ああ……。いやあ、それは、レーダーもあったし、「索《さく》敵《てき》」と言って、偵察機《ていさつき》を飛ばして、いつも見ているわけだから、敵であるかどうか分かってはいた。当時は、人工衛星がなかったのでね。まあ、そこまでは行かない……。

武田　あの日の朝、「日本から攻撃が来ることは、あらかじめ予想していた」ということですよね？

Ｆ・ルーズベルト　でも、それをハワイには伝えていないよ。

武田　そうです。「ハワイにだけ伝えていない」という記録が遺《のこ》っているんですよ。

Ｆ・ルーズベルト　それは伝えていない。それは……、見殺しじゃないか。

武田　ただ、あの付近にいた空母二隻《せき》には伝えていますよね？

Ｆ・ルーズベルト　へへへ。まあ、それは「なし」じゃ。

武田　え？

F・ルーズベルト　それを言わすなよ。歴史に遺すわけにはいかんからさ。日曜日でも、たまたま空母は演習したかったんだろうよ。

武田　いやいや、「アメリカ本土から、そういう指示があった」という記録が遺っていますので。

F・ルーズベルト　へへへへ……。何か特別なことを、軍部の教官か誰《だれ》かが思いついたんだろうね。

武田　日曜日の朝にですか?

F・ルーズベルト　おお。それで、訓練したくなったんだろうよ。

武田　「それを言わすなよ」ということは、つまり、「知っていた」ということですね？

F・ルーズベルト　いやあ、それは知らんなあ。まあ、でも、「日本の攻撃力がどのくらいであるかを見てみたい」という気持ちがあったのは事実だな。

「チャーチルもロンドン人を見殺しにした」と話をすり替《か》える

石川　そのあとに、「スニーキー・アタック」と言って、ルーズベルトだけでなく、政府の高官、それにチャーチルも……。

F・ルーズベルト　いやあ、これは、虚々実々《きょきょじつじつ》の駆《か》け引きだからさ。チャーチルだって、ドイツの暗号ぐらいは読み取って知っていただろうよ。ドイツの暗号を読み取っていたけど、それがばれちゃいけないから、ロンドン空爆をさせて、ロンドン人を見殺しにした。「空襲が来る」と教えたら、暗号が読まれていることをドイツが知ってしまう。

だから、チャーチルは、暗号が解読できていることを知られないほうを優先した。「市民の十万人や二十万人ぐらい死んだって構わない」と、ロンドン空爆をさせて、大勢の人を見殺しにしたんだよ。

わざとここを空爆させることで、向こうには、「ああ、まだ暗号を解読できていない」と思わせておき、「次に来たときに、上空で待ち構えておいて撃ち落とす」という作戦を立てているよ。

そういうことをするもんだから……。

武田　それで、アメリカもしていたわけですよね？

Ｆ・ルーズベルト　まあ、それは、みんなねえ……。

武田　確か、日本とイギリスの大使館のやり取りをチャーチルが傍受し、その内容をルーズベルト大統領に届けていたはずです。

Ｆ・ルーズベルト　当時の、あのねえ……。

武田　全部、分かっていたわけですよね？

Ｆ・ルーズベルト　あんな「ツートントン」ぐらいは、どこだって解読できる。それに日本はアメリカの研究が足りなかったように思うけれども、アメリカは、日本の研究部隊をつくっていて、日本の専門家がたくさんいたんでね。

君ら日本人には、「嫌《きら》いなものは嫌い」で、敵を研究しない傾向《けいこう》があるけど、アメリカのほうは、「戦う相手なら研究する」ということで、いっぱい養成していたからねえ。まあ、かなり分かってはいたよ。

武田　分かりました。

F・ルーズベルトの決断は「米国民に対する裏切り」か

武田　ということは、これは非常に重要なことなのですが、「ルーズベルト大統領は、真珠湾攻撃の前に、日本が攻撃してくることを知っていたし、日本にどのくらいの力があるのかを試《ため》して知りたかった」ということですから、これは、つまり、「米国民に対する裏切り行為」ですよね。

F・ルーズベルト　うん。だけど、仮に「知っていた」としてもだよ、「日本からの奇襲攻撃があるから、それに備えよ」ということを打電するわけにはいかんからね。

武田　ただ、「それを知っていながら発表せず、アメリカを第二次世界大戦に参戦させようとして、『スニーキー・アタック』と言い立て、世論をそちらに持っていこうとする意図があった」ということと、それは、やはり同じになると思うのです。

F・ルーズベルト　うーん。まあ、難しいけどね……。

私は、「歴史」をつくっていたから、「アメリカが態度をどう決めるかによって歴史が変わる」ということぐらいは分かっていた。また、ヨーロッパの運命、日本の運命、東洋の運命も、アメリカの態度によって変わることぐらいは分かっていた。

私は、「歴史をつくっていた本人」なのでね。

悪魔《あくま》スターリンに好意的だったF・ルーズベルト

石川　ただ、本当に先見の明《めい》があったのでしょうか。

例えば、「四人の警察官構想」などについても、米・英はいいとしても、そこにソ連と中国（中華《ちゅうか》民国）を入れており、「スターリンに対し、けっこう好意的だった。ある意味、チャーチルよりも好意的に接していた。クリスチャン・ジェントルマン（キリスト教的紳士《しんし》）のように見ていた」というような記録もあるのですが、そのあとの事態を想定されていたのでしょうか。

F・ルーズベルト　まあ、まあ、まあ……。

石川　「歴史をつくる」のはいいのですが、その「歴史」が、あとで大変なことになっています。

F・ルーズベルト　「同盟関係」というけど、戦争では、敵に対して共同で戦うと、友情が生まれるものでな。スターリンも、「ドイツを倒《たお》す」というので頑張《がんば》ったから、そういう意味で、ちょっと、そういうところはあったわな。

石川　チャーチルは、あらかじめ、ソ連の危険性を見抜《みぬ》いていました。

F・ルーズベルト　それはそうだ。

石川　例えば、アメリカ軍に対し、「ソ連軍よりも早く、ベルリンに進駐《しんちゅう》しろ」と忠告したはずです。

F・ルーズベルト　いや、チャーチルこそ、悪魔《あくま》じゃないか。スターリンが悪魔だと分かっていて、その悪魔と手を結んだんだから、彼は悪い男だ。

石川　いやいや、悪魔であると分かっているから、戦後にその悪魔を封じ込められるような手を、戦争している間にもいろいろとサジェスチョン（示唆《しさ》）していたのに、あなたは、「いや、戦争中は、外交の話をしない」ということで、すべて一蹴《いっしゅう》していますよね？

F・ルーズベルト　うーん。

北方四島の占領《せんりょう》だけで済んだのは「アメリカのおかげ」？

石川　それで、スターリンは、「要は、取るところまで取ったら、戦後、俺《おれ》たちの領地にできる」という、リアルポリティクス（現実政治）の権化《ごんげ》のようになっています。

F・ルーズベルト　まあ、戦後、東ヨーロッパの不幸はあったしね。だから……。

石川　いや、北方領土問題も、要は、スターリンが、「八月十五日ぐらいまでに、どこまで軍が進んだかで、取れる場所が決まるだろう」と思ったのでは？

F・ルーズベルト　君たち、あまり欲張っちゃいけないよ。北方四島ぐらいで済んだんだ。やはり、もうちょっと、アメリカの戦い方の芸術性をほめていただきたいな。

石川　（苦笑）いえいえ。

F・ルーズベルト　下手だったら、あれは、あんなので済んでいない。もっと取られているからさ。

石川　いやいや、東京や広島などを荒野《あれの》にしておいて、〝芸術性〟というのは少々問題があると思います。

F・ルーズベルト　まあ、そうは言ったって、下手したら、「東北から向こうはロシア領」になっていたんだからさ。

石川　しかし、ルーズベルト大統領は、ソ連に、「早く対日参戦してくれ」と促していたと思いますが。

F・ルーズベルト　もちろん、参戦の圧力はかけたかったけど、領土をやる気は、あまりなかったのでね。

石川　ただ、ドイツも、ベルリンの半分ぐらいをソ連に取られてしまいました。

F・ルーズベルト　うーん。まあ、そうだね（咳払《せきばら》い）。

「日本を倒《たお》してアメリカの覇権《はけん》を確立」というシナリオ

武田　先ほど、ルーズベルトさんは、「歴史をつくるつもりがあった」と言われていましたが……。

F・ルーズベルト　そうだね。うん。

だから、第二次大戦、および、その後七十年間の世界の歴史をつくったのは私だよ、はっきり言って。私の頭のなかで、世界の歴史ができたんだよ。

武田　当時、国家として、アメリカと日本が、世界の二大大国として上《のぼ》り詰《つ》め、その頂上決戦が行われるかたちとなりました。

F・ルーズベルト　そう。ドイツもすごかったわね。ドイツも強かった。やはり、ドイツと日本、この二つとの覇権《はけん》戦争だよ。

武田　そうですよね。

F・ルーズベルト　だから、ヨーロッパの盟主になったものも、当然、次のライバルになるし、それから、アジアの盟主になったものもライバルになるので、「いずれ、両方とも戦いが起きる」と考えたわけだな。

武田　それで、お書きになったシナリオとしては、やはり、「日本と戦って打ち倒《たお》し、アメリカの覇権を確立する」という歴史だったわけですよね？

F・ルーズベルト　うーん。

日本の「和平交渉《こうしょう》」の努力は何だったのか

武田　いや、私が何を言いたいかというと、開戦前、近衛《このえ》・東條《とうじょう》内閣時代に、日本はアメリカに対し、和平交渉《こうしょう》をしていたはずなのです。

F・ルーズベルト　うーん。

武田　特使も送って、戦争にならないように、ずっと期間をかけて、何度も何度も和平交渉をしていたはずです。

F・ルーズベルト　まあねえ、それについては、お互《たが》い、言い方はあると思うんだがな。日本の政治家や軍人で優秀《ゆうしゅう》な人たちには、「アメリカと戦争をしたら、最終的には負けだ」ということを分かっている人が多かったんだけど、国民への説得はできてなかったね。

国民の多数派には、「今まで、戦争に一度も負けたことがない」というか、「神風《かみかぜ》が吹《ふ》いて、必ず勝つ」と思っているようなところがあったんでね。やはり、これは危険なことなんだよ。だから、日本も、国民を説得できていなかったのは一緒《いっしょ》だ。

石川　あなたも、アメリカ国民に説得できていなかったですね。

F・ルーズベルト　うん、同じだ。同じだけど、やはり、日本にも、「十倍の敵でも勝てる」と思っていたところがあったんでなあ。

武田　ということは、交渉を進めているように見せつつも、結局、「和平」などということはありえなかった。最初から、そのように意図していたわけですか。

F・ルーズベルト　日本もそうだったんじゃないの？　上層部は「負ける」と思ってはいたけど、国民に説得できないので、交渉をしながら戦争の準備を進めていたんじゃないの？

武田　それは、最悪の事態を考えて準備していたのであって、主なる願いは「和平」ですよ。

F・ルーズベルト　うーん。だからねえ、宣伝……。

武田　そこに、何か嘘《うそ》がありませんか。

F・ルーズベルト　いや、「大東亜共栄圏《だいとうあきょうえいけん》」の構想自体は、今の中国の「二〇五〇年までに、ハワイまで（の太平洋圏）を全部支配する」という構想と同じだよ。あれと一緒で、先に立っていたものなんだよ。だから、「それ（日米両国）は、いずれ、ぶつかるものだった」と思うよ。

武田　それは、「決めつけ」なのではないでしょうか。

F・ルーズベルト　うーん。

突如《とつじょ》、アジア・ヨーロッパで勝てる大強国になったアメリカ

石川　歴史の「IF《イフ》」になりますが、例えば、「ドイツだけを叩く」、あるいは、「ドイツやイタリアなど、ヨーロッパだけで戦う」という選択肢《せんたくし》はなかったのでし

ょうか。それによって、「戦力が分散しない」という利点もあったと思うのです。

F・ルーズベルト　うーん。いや、「二正面作戦」ということで、「ヨーロッパとアジアの両方で戦う」のは、大変なことだからね。アメリカにとって、本当はすごく大変なことではあったんだけど、その意味では、ものすごい強国になっていたわけだ。大恐慌《だいきょうこう》によって、アメリカ自体が不況のどん底にいたところから、突如《とつじょ》、ヨーロッパとアジアの両方で戦って勝てるほどの大強国になってしまった。

そういう意味で、私は、ケインズ経済学をよく理解していたと言えるんだ。

アメリカは「軍需《ぐんじゅ》景気で不況克服《ふきょうこくふく》」を繰《く》り返してきた

石川　アメリカでは、一九二九年の恐慌前に数パーセントだった失業率が、一九三三年の大統領就任時に二十数パーセントになり、そのあと、少し低下して十数パーセントになりました。しかし、一九三八年には、共和党に批判されて再び緊縮《きんしゅく》財政に入ってしまい、二十パーセント近くに上がりました。一九四〇年にはGDPがようやく一九二九年ごろの水準に戻《もど》ってくるのですが、この当時にも失業率は十五パーセントぐらいありました。

このように見ますと、「当時のアメリカ人は、国際情勢よりも、『仕事があるかどうか』といった経済的なことなどに、かなり関心があった」と思うのですが、やはり、日本は、ルーズベルト大統領にうまく利用されたのではないでしょうか。アメリカ国内の反戦感情を抑《おさ》えるために、「スニーキー・アタックだ！」と、宣伝に使われた感じがするのですが。

F・ルーズベルト　日本も、朝鮮戦争のときに、「戦争をやれば、軍需《ぐんじゅ》景気が起き、不況《ふきょう》から立ち直れる」ということぐらいは経験して知っていると思うけれども、アメリカも、第二次大戦後、いろいろな戦争をやってきた。

要するに、「景気が悪くなったら戦争をする」ということは繰《く》り返し起きているから、まあ、そのへんの意味は、みんな十分に理解していたんだろうと思うよ。

「島国・日本」よりも「中国大陸」の文化・文明を尊重

武田　要するに、ルーズベルトさんには、もともと、「日本人は生意気だ」ということで、戦争をして日本を叩き潰す計画があったわけですね？

F・ルーズベルト　というよりは、「中国に親近感があった」ということかなあ。

武田　はい。それは、お母様のほうに中国人の友人が多かったことも関係があるんですよね？

F・ルーズベルト　うん。「中国に友情を感じた」ということです。だから、「日本と中国のどちらを取るか」と言われたら、「中国のほうを守りたい」という気持ちがあったわけだ。

それに、（中国は）五千年の歴史がある国だよね。日本は、「島」だから、島一つ消滅《しょうめつ》しても、まあ、それほど大したことじゃないけど、「中国大陸の文化・文明が全部なくなるのは、やはり、ちょっと大変なことだ」という感じはあったわな。

「アメリカの世紀」の次に「中国の世紀」が来るか

石川　戦後どのようにするつもりだったのか、あなたが第二次大戦中に亡くなられたので分からないのですが、ヨーロッパについては、例えば、チャーチルに、「戦後はヨーロッパにアメリカの軍隊を置かない」ということを最初に言っていたわけです。
一方、アジアのほうについては、どのように統治するつもりだったのでしょうか。中国に任せるつもりだったのか。それとも、アメリカ軍が中国に入って統治するつもりだったのか。

F・ルーズベルト　いや、もちろん、アメリカでやるつもりでいましたよ、ほとんどね。

まあ、非常に言いにくいことだけれども、私が「アメリカの時代」を築いたんだよ。アメリカの「ナンバーワンの時代」を決めたのは、私なんだ。だから、二十世紀は「アメリカの世紀」だったわけだね。

そして、今、「二十一世紀は『中国の世紀』になるかどうか」という波が来ているわけでしょう?　もう一回、歴史が繰り返されようとしているわけだね（笑）。

日本がヨーロッパにあったら、「ヒトラーぐらい強かった」？

石川　ただ、あなたは、かなり、「集団安全保障」という考えも持たれていたようなのですが。

F・ルーズベルト　うーん。
石川　「四人の警察官構想」というものもありますけれども、アメリカが支配する予定だったのですか。
　チャーチルとの会話だと……。
F・ルーズベルト　いや、リーダーとしてね。
石川　リーダーとして？
F・ルーズベルト　リーダーとしてね。
石川　「ヨーロッパは、ある程度イギリスに任せる」ということだったと思うのですけれども。

Ｆ・ルーズベルト　いや、イギリスは、もうボロボロだったからね。

石川　「チャーチル自身、『イギリスに、それだけの力はない』ということを自覚していたものの、フランクリン・ルーズベルトは、イギリスと中国を過大評価していたので、チャーチルが非常に苦労した」というような話が残っています。

Ｆ・ルーズベルト　例えば、日本をドイツに置き換《か》えて、日本が、あちらにあったとしても、ヒトラーと同じぐらい強かったと思うよ。たぶん、当時、日本軍は、他のヨーロッパの国を、ほぼ全部、占領《せんりょう》しちゃったと思うな。

武田　しかし、その日本軍を戦争に誘導したのは、あなたです。

2　原爆投下についての見解

「ヨーロッパに原爆を投下する可能性」はあったのか

武田　今日のメインポイントは、「原爆投下の是非《ぜひ》」なのでお訊《き》きしますが、あなたが亡《な》くなられたあとに……。

F・ルーズベルト　幸い、私、投下していないのよね。アハハハハハハ。

武田　笑っている場合ではありません。

この計画は、ルーズベルトさんが大統領のときに始まったはずですよ。

Ｆ・ルーズベルト　「まず、科学技術者が、原爆がつくれることを理論的に証明して、研究し、そのあと、実用化のプロセスでは、政治が加わってくる」ということだが、結局、使うところは軍事ということになるわな。

武田　そうですが、あなたには、当初から、原爆を日本に落とすことが念頭にありましたよね。

Ｆ・ルーズベルト　いや、いちおう、ヨーロッパだって可能性としてはあったよ。まあ、強かった場合だね。ヨーロッパでの戦いが長引いた場合、可能性としてはあったと思うよ。

でも、最初は日本かな。

「日本もドイツも原爆を研究していた」と開き直る

武田　一九四二年に、「マンハッタン計画」が始まりましたけれども、これは、ルーズベルト大統領の時代です。

F・ルーズベルト　そうだね。

武田　つまり、この原爆投下の計画は、あなたが、具体的に指示したものでありまして……。

F・ルーズベルト　言わしてもらうけども、日本でも原爆の研究はしていたのよ。一年遅《おく》れただけで、あと一年あったら、日本にも原爆が完成していたんだよ

（注。当時の日本は原爆の開発・研究に着手していたものの、その完成にはほど遠

く、「あと一年あったら、日本にも原爆が完成していた」という事実はない）。だから、「アメリカだけがやった」みたいに言われたら困るんだ。日本も原爆をつくろうとしていたけど、アメリカのほうが早かっただけなのよ。

武田　つまり、「原爆投下の責任は自分にはない」と言いたいわけですか。

F・ルーズベルト　これは、いずれ、どこかでつくられて、どこかで落とされることにはなっていたのよ。実は、ドイツも、つくろうとしていたんだよ。

武田　ただ、敗戦したときに調べたら、実際には、すでにつくっていなかったのです。つくれずに、あきらめていたんですよ。

F・ルーズベルト　うん。実用化までは間に合っていなかった。

開戦前から「戦後体制」を話し合っていた連合国

石川　原爆をつくることと使うことは、少し話が違《ちが》うと思うのですけれども、ちなみに、もし、ルーズベルト大統領が死なずに生きていたら、やはり、日本に原爆を落としていますか。

F・ルーズベルト　「死なずに生きていたら、どうしたか」って？　うーん。

でも、すでに、前年か前々年あたりから、会談を何回もやっているからね。

アメリカが戦勝国になることは、もう分かっていた。戦勝国として残る国が、「戦後の体制を、どうつくるか」という話し合いをしている状態のなかで、日本は戦っていたわけだから、非常に気の毒であるとは思うけどね。

つまり、日本は、もはや勝ち目のない戦いを延々とやっておったわけで、本当は、もっと早く、東條《とうじょう》が退陣《たいじん》するころに戦争をやめればよかったのかもしれないね。

日本のほうからやめてしまうことだって、できないわけではなかった。

石川　「無条件降伏《こうふく》」を原則としていたので、それは、なかなか難しかったと思います。

F・ルーズベルト　いや、天皇陛下がご聖断《せいだん》すれば済んだんじゃないの？　それは、天皇陛下が、「やめる」と言えば、やめられただろうよ。

酒井　ただ、当時、すでに、日本も和平工作はしていたはずです。

F・ルーズベルト　だけど、降伏することはできますからね。

「共産主義の怖《こわ》さ」を見抜《みぬ》けなかったF・ルーズベルト

石川　共産主義の危険性等については考えていなかったのですか。

F・ルーズベルト　そこまでは、まだ考えていなかったね。まだ、それほど怖《こわ》いものだとは思っていなかった。

共産主義の怖さが本当に分かったのは、やはり戦後だからね。共産主義が、あれだけの大量粛清《しゅくせい》を伴《ともな》うものだと、要するに、〝身内〟を殺していくものだと分かるのは戦後だよ。

石川　「スターリンは善人だ」と思っていましたか。

F・ルーズベルト　髭《ひげ》を生やしていたから、立派そうに見えるところはあって（笑）、何て言うのかなあ、アメリカで言うと、「田舎《いなか》の頼《たよ》りになる農家のおっさん」みたいな感じだよな。ハハハ。

酒井　日本がソ連に和平の仲介《ちゅうかい》を頼《たの》むことになることも知っていましたよね？

F・ルーズベルト　「そういうこともあるだろう」とは思ってはいたが……。

酒井　それを逆利用しようとして……。

F・ルーズベルト　別に、逆利用っていうか、まあ、ソ連はソ連で欲があるからね。だから、ヒトラーが、もう少し粘《ねば》っておれば、（ソ連は）日本に宣戦布告できなかっただろうから、「ヒトラーが弱かった」というところはあるね。

広島と長崎《ながさき》に原爆を落としたのは「善」なのか

酒井　あなたは、「生きていたら原爆を投下しましたか」という質問に対して答えていないのですが……。

F・ルーズベルト　うーん。

酒井　先ほど、トルーマンさんのときにも言いましたが、一九四五年の三月には、東京大空襲《だいくうしゅう》で、民間人のいるところに、そうとうな爆撃《ばくげき》を仕掛《しか》けています。これは、あなたの指示ですよね。

F・ルーズベルト　最後は……。

酒井　そのとき、戦争の趨勢《すうせい》は、もう決まっていたはずです。

F・ルーズベルト　広島、長崎《ながさき》と落としたけど、「『最後は、天皇陛下がおわす東京にも原爆を落とせるんだよ』ということを、地方都市へ落として、お見せすれば、日本国民は降伏するだろう」と思っていた。

武田　ただ、日本が、もう戦える状況《じょうきょう》にないことを、あなたは分かっていたはずです。それなのに、さらに攻撃《こうげき》を続けるのは、〝リンチ〟ですよね。

F・ルーズベルト　少なくとも、原爆二つを見て、天皇陛下が負けを認め、「終戦の詔《みことのり》」を出すことを決めたのは事実だと思う。

酒井　「だから、原爆投下は善だった」と？

F・ルーズベルト　要するに……。

酒井　「善だったかどうか」を訊いているのです。

F・ルーズベルト　結局、天皇は、わが身の安泰《あんたい》を図《はか》りたいからさ。わが身を生かせるんだったら、負け戦《いくさ》を認めたくはなかっただろうからねえ。

東京大空襲《だいくうしゅう》で敗北を認めなかった為政者《いせいしゃ》に責任がある？

酒井　それで、「原爆投下は善だった」と？

F・ルーズベルト　その前に敗北を認めておれば、投下していないよ。

酒井　「日本が敗北を認めていなかったから、善だった」と？

F・ルーズベルト　東京大空襲《だいくうしゅう》を見て、敗北を認めなかったのが悪いんじゃないの？

酒井　要するに、「民間人が死んでも降伏しなかったのがいけない」というわけですか。

F・ルーズベルト　何を言ってるの。東京大空襲まで受けて、それで敗北を認めなかった為政者《いせいしゃ》に問題があるんじゃないか。

それでやめていれば、広島でも長崎でも、人は死んでいないんだから。

酒井　降伏しなければ、もっと民間人を殺したわけですか。

Ｆ・ルーズベルト　あそこまでやらなければ分からないんだから、「判断力が弱いことに対しては、為政者に責任がある」と言っているのよ。

酒井　しかし、それは国際法違反《いはん》ですよ。

原爆を実験するために戦争を長引かせたかったのか

武田　先ほど、トルーマンさんも、「原爆ができていたので、実験してみたかった。実験として、広島と長崎を選び、二種類の違う爆弾《ばくだん》を落としたのだ」とおっしゃっていました。

Ｆ・ルーズベルト　外交上、それは言ってはいけないことだね。絶対、言ってはいけないことだな。

酒井　いや、そうかもしれませんが、あなたは、すでに死んでいるのですから、言ったほうがいいですよ。

F・ルーズベルト　外交上、それは言っちゃいけないことだ。

武田　そういう計画があったわけですよね。

F・ルーズベルト　うん。「マンハッタン計画」というのは、もとからあったからね。

武田　具体的に、「日本に原爆を落とす」という……。

F・ルーズベルト　それは、やはり、どこかで実戦に使ってみなきゃいけない。

酒井　「七月ぐらいに、やっと実験ができる」ということを知っていたため、戦争が早く終わってほしくなかったのではないですか。

F・ルーズベルト　そういう見方もあろうけれども、まあ、「新爆弾を開発しているらしい」という噂《うわさ》は、日本にも、とっくに入っていたからね。

酒井　ただ、「実験はしたかった」と……。

F・ルーズベルト　日本の物理学者たちも、研究していたから、そういうことをやっているのは、とっくに知っていたよ。

酒井　しかし、おそらく、日本は、都市には爆撃しなかったでしょうね。

F・ルーズベルト　湯川秀樹《ゆかわひでき》なんかも、〝涼《すず》しい顔〟をしているけど、実際は、もう原爆の研究をしていたんだ。

酒井　「研究すること」と、「使うこと」は違いますからね。

F・ルーズベルト　お互《たが》いやっていたので、日本も、「アメリカは使うだろう」と予想はしていたと思うけど、「いつ完成するか」というところの読みがあったからね。「上陸戦の実験」として行われた沖縄《おきなわ》戦

武田　あなたが緻密《ちみつ》な計画をつくり、そのあと、たまたま、あなたが亡くなったので、トルーマンがあとを引き継《つ》いだわけです。

F・ルーズベルト　うん。

武田　彼が「拒否《きょひ》することができない」と思うくらい、計画が進んでいたと思うんですよね。

F・ルーズベルト　あと、南海の島嶼戦《とうしょせん》では、ほぼ勝ってきたから、日本が負け戦になることは、だいたい分かったけども、「いちおう、上陸戦をやらなきゃいけない」ということで、沖縄《おきなわ》でやってみせた。

それで、沖縄の人は、いまだに反米感情がすごく強い。これで、「二十万もの人が死んだ」というので、いまだに、すごく怒《おこ》っていらっしゃって、反米感情が強いんだけど、一つは上陸戦が必要だから、あそこで実験をした。われらも、被害《ひがい》は比較《ひかく》的少なくしたつもりではあるんだけどね。

酒井　実験でしたか。

F・ルーズベルト　最後は、体力の残っている日本軍がいたからね。それとの戦いが始まると、そうとうなものになるので、その前にやめさせたかった。だから、「どこまでやったら日本軍があきらめるか」というのはあったね。

武田　ただ、当時の趨勢からいうと、アメリカが戦争をやめる気が少しでもあれば、原爆を落とさずに、やめることができたのではないでしょうか。

F・ルーズベルト　アメリカがやめられるわけないじゃない？　日本がやめるんであって、アメリカがやめるわけじゃない。

武田　ですから、やめる方向に持っていこうと思えば、原爆を使わなくてもできたはずです。最後は、あまりにも力の差があったわけですからね。

F・ルーズベルト　いや、外交ルートが、もう潰《つぶ》れていたからね。

武田　「戦争をやめずに原爆まで使った」ということは、やはり、実験だったからですか。トルーマンさんも、「人種差別的な考えがあった」と認めていましたね。

F・ルーズベルト　でも、それは、今、君らが、北朝鮮《きたちょうせん》に感じるのと同じような感情なんだよ。

最初、東條が生意気にも開戦したけども、「負けるのが分かっていて開戦するバカがいた」ということを、日本人に反省していただかなければいかん。負けるのが分かっていながら開戦したんだ。

3 「アメリカの栄光の歴史」に見る傲慢《ごうまん》

「私は『世界の歴史』をつくっている」という強い自負

石川　ただ、戦後、パル判事などが、「あそこまで石油などを締《し》め上げられたら、武器なき小国であっても立ち上がっただろう」というような説も、客観的に……。

F・ルーズベルト　そんな田舎《いなか》の判事が言うことなんか聞いていられない。

石川　インドの方です（苦笑）。

F・ルーズベルト　私は、「世界の歴史」をつくっているんだから、そんな……。

武田　あなたが意図したから、東條《とうじょう》内閣は、戦争に踏《ふ》み切らざるをえなかったのではないですか。

F・ルーズベルト　「東條より私のほうが力が上だった」ということだよ。しょうがないじゃない。

武田　つまり、踏み切らせたわけですよね。

F・ルーズベルト　うん。まあ、そうだよ。

「踏み切らせた」と言えばそうだけど、（開戦前の日米交渉《こうしょう》で）負けを認めれば、戦わずに済んだわけだ。

だけど、そのためには、満州《まんしゅう》から、全部、引き揚《あ》げなきゃいけなかったからね。

武田　そうです。

F・ルーズベルト　それについて日本国民を説得する自信がなかったんでしょう。今度は、軍部のほうが国民から突《つ》き上げられて、もたなくなるから、そこには自分らの保身があったと思うよ。

武田　いや、ハル・ノートは、当時の日本人にとって、どう考えても受け入れられないものでした。

どれだけの日本人の犠牲《ぎせい》を払《はら》って、満州という国をつくり、独立させたか。

F・ルーズベルト　うんうん。

武田　この歴史の重みがあるわけです。

F・ルーズベルト　あなたがたは、それを、「満州に恩義を売った」というふうに思っているかもしれないけども、われら〝地球の裏側〟にいる者から見れば、やはり、中国を侵略《しんりゃく》しているように見えたわけよ。

武田　では、その話は、今は置いておきましょう。

アメリカが戦争をしなければ、中国は日本領になっていた?

武田　要するに、私が言いたいのは、「日本人、あるいは、日本の内閣には絶対に受け入れられないものだと知っていながら、あえてハル・ノートを突きつけて、戦争へ導いたのではないか」ということです。

F・ルーズベルト　そういう見方もあるけど、日本には、アメリカを見くびっておったところもある。
アメリカ人は、日本人を、「ジャップ」と呼び、「黄色い猿《さる》（イエロー・モンキー）」と呼んで、バカにしていたけども、日本人も同じで、「アメリカ人は、ジャズを聞いて女と踊《おど》っては、セックスを楽しんで、遊んでいる」というふうにアメリカ文化をバカにして、「アメリカは弱い」というプロパガンダをやりまくっていたからね。
お互《たが》い、それはあるので、「相手が強い」ということを、国民にきちんと教えておれば、違《ちが》う結果になったかもしれない。

武田　ただ、開戦前に、日本政府は、アメリカに赴《おもむ》いて和平交渉をしています。

F・ルーズベルト　うーん。

武田　アメリカは違いますよね。戦いをやめる気など、なかったではないですか。だから、ハル・ノートが出てきたのでしょう?

F・ルーズベルト　和平をしたって、アメリカには、別に、何の利益もないもの。きっと、「日本の利益を、どこまで認めるか」というだけの交渉だから、アメリカには、何の利益もない。

武田　それが、開戦の正当性になるのですか。

F・ルーズベルト　アメリカには何の利益もない。まあ、戦死者が出たから、それを防げたという利益はあるかもしれないけども。

武田　開戦によって、多くの人間が亡《な》くなったわけですよ。その責任はあるのではないですか。

F・ルーズベルト　だけど、戦争をしなかったら、中国は今、「日本」と呼ばれて、日本語が中国で通用している可能性もあるからね。

武田　それは違うのではないでしょうか。

F・ルーズベルト　いや、中国全土が日本領になっている可能性はあると思うよ。

欧米《おうべい》列強の「いじめ」によって開戦に誘導《ゆうどう》された日本

酒井　日本がハル・ノートを呑《の》んでいたら、どうなったと思いますか。

F・ルーズベルト　うん？「呑んでいたら、どうなったか」といっても、まあ、あのころには、だいたい開戦が決まっていたんじゃないかな。

酒井　もし、あなたなら、日本をどうしますか。

F・ルーズベルト　うーん。「呑んでいたら」か……。まあ、呑んでいたら、別の手を考えるだろうね。

武田　それは、「開戦に誘導《ゆうどう》する」ということですよね。

F・ルーズベルト　うん。呑んでいたら、きっと、ソ連が日本を攻撃《こうげき》したんじゃないですか。

酒井　いずれにしても、日本は窮地《きゅうち》に立たされて、戦争をするしかないではないですか。

F・ルーズベルト　うん。要するに、日本は、そういうふうに見られていたわけであって、一生懸命《いっしょうけんめい》、欧米《おうべい》列強と並ぼうとしていたけども、「仲間に入れてやらない」という、いじめに遭《あ》っていたわけよ。

「アメリカの世紀」をつくるために戦ったF・ルーズベルト

石川　戦時中に、アメリカは、約十二万人の日系人を強制収容所に隔離《かくり》したりしていますが、やはり、レイシズム（人種差別）があったのですか。「民主主義の戦いではなかった」ということでしょうか。

F・ルーズベルト　全体から見れば、小さな問題なんだよ。二十世紀以降の「アメリカの栄光の歴史」をつくったのは、私なのでね。

石川　「民主主義を守る」という大義名分よりも、やはり、アメリカがナンバーワンになるための戦いであったわけですね。

F・ルーズベルト　「アメリカの世紀をつくった」というか、「この国の短い歴史のなかで、短時間でアメリカの時代をつくった」ということが歴史に示された。

酒井　ただ、朝鮮《ちょうせん》戦争、ベトナム戦争と、あなたのやり方で、アメリカは、どんどん病《や》んでいきました。

F・ルーズベルト　そのあと、少し、そういう問題は起きたわな。

酒井　それは、もう見えていたのですか。

F・ルーズベルト　いや、見えていない。それは、あのときの大統領が弱かったんだろう。

今、「アメリカが臆病《おくびょう》になるのはよいことか」を試《ため》されている

石川　善悪はともかく、反戦感情の蔓延《まんえん》していた当時のアメリカで、「隔離演説（クワランティンスピーチ）」などで、ドイツや日本の危険性を指摘《してき》して、その後、アメリカ国民を戦争に誘導し、さらに、日本人をも開戦に誘導した」という、その能力は、すごいと思いました。

F・ルーズベルト　君らの〝怨念《おんねん》〟は分かるよ。だけど、戦後のアメリカにおける反戦運動や、いろんなところと戦って受けた被害《ひがい》、厭戦《えんせん》気分、その他で、あなた

がたが言う、「カルマの刈《か》り取り」は、われわれも経験してきているわけだからさ。だんだん分かってはきている。

今、オバマが、軍事介入《かいにゅう》に対して、すごく臆病《おくびょう》になっているじゃないか。アメリカは、そこまで来ている。

でも、「アメリカが、そこまで臆病になることが、いいことかどうか」を、今、試《ため》されているんでしょう?

つまり、「意欲を持った覇権《はけん》国家が出たときに、これを放置していいかどうか」という問題が、今まさに出てきているわけで、「各国が、独自に自衛せよ」と言うだけで済むかどうかが問われてきているわけだよな。

「アメリカ的繁栄《はんえい》が世界に広がったことは善」という信念

酒井　それは、善悪の問題だと思うのですが、では、あなたは、善悪を何に求めるのですか。

F・ルーズベルト　少なくとも、「アメリカ的繁栄《はんえい》が世界に広がった」ということは善だね。だから、この戦いは、結果的には「善」だ。

武田　なぜ、善と言えるのですか。

F・ルーズベルト　アメリカ的繁栄が世界に広がったからだ。これで、よくなった。

酒井　「アメリカ的繁栄」というのは、一言で言うと？

F・ルーズベルト　「自由」と「民主主義」。これが世界に広がった。アメリカが戦いに勝たなければ、そういうことはなかった。これは成功したね。

石川　ただ、ソ連には、自由も民主主義もなかったわけですが。

F・ルーズベルト　戦後、ソ連との冷戦が起きたけどね。

武田　それは、あなたに責任があるのではないですか。

F・ルーズベルト　ソ連があれほど……。いやあ、ソ連も、それなりに頑張《がんば》ったわけだ。

要するに、文明実験として、「共産主義なるものが、善か悪か」ということが試される時間が、約七十年かかったわけだからね。

武田　あなたには、「共産主義が悪である」と分からなかったわけですね。

F・ルーズベルト　だけど、「共産主義革命」を〝起こした〟のは、日本人だからね。日露《にちろ》戦争があったために、ツァーリズム（皇帝《こうてい》による専制支配体制）が潰《つぶ》れたんだからさ。自分たちが勝つために、明石大佐《あかしたいさ》を使ってやった陰謀《いんぼう》だけども、結局は、それが、ツァーリ（皇帝）を倒《たお》してしまうことにつながったんだからね。

武田　しかし、あなたは、「自由と民主主義を守るための戦い」と言いながら、ソ連という、イデオロギーがまったく違う国と手を結んで、戦後の秩序《ちつじょ》をつくろうとしたわけですよね。その結果、あのソ連が生まれて、冷戦構造が生まれたではないですか。

F・ルーズベルト　うん。

武田　それに対して、あなたには大きな責任があるのではないでしょうか。

F・ルーズベルト　ソ連は、原爆と水爆を、両方ともつくってしまったからね。

「大きな国家は社会主義的側面を持つ」と考えるF・ルーズベルト

石川　また、ケインジアン（ケインズ経済学を支持する人）と言いつつ、あなたの経済政策には、農作物の生産制限を行ったりして、かなり社会主義的な色が強いのですが、やはり、社会主義的なところにシンパシーを感じていたのですか。

F・ルーズベルト　大きな国家になると、ある程度、社会主義的な側面を持たざるをえなくなるから、しかたないんだよ。上の者が計画して、経済とかの仕組みをつくらなきゃいけなくなるので、〝色づけ〟は、いろいろあろうけども、本質的に、少し似たところは、どうしてもあるからね。

官僚《かんりょう》制に基《もと》づかなかったら国が動かなくなる。大きい国は、みんな、そうなので、本当に独裁でやれるのは、小さな国だ。そうでないとできないね。

武田　分かりました。

「今の中国はアメリカの敵ではない」と豪語《ごうご》

武田　現代に関して、少し、ご意見をお訊《き》きしたいのですが、今、中国が、軍事を非常に拡張し、覇権拡大を行っているため、東アジアでは緊張《きんちょう》状態が続いています。

一方、アメリカも、若干《じゃっかん》、衰退傾向《すいたいけいこう》にあるわけですが、今後の現代社会は、どのようになっていくべきだと考えていますか。

F・ルーズベルト　これで、「アメリカが中国と戦わなければいかん」ということになるんだったら、私のやったことが、全部見直されることになるだろう。もし、「アメリカが中国と戦わなきゃいけない」ということになるんだったらね。

それが、ソ連との冷戦みたいに、人が死なずに終わる戦いならともかく、米中が実戦までして戦わなければいけないような世界大戦にまで行くのなら、「私が中国を助けたことは正しかったかどうか」ということが、もう一回問われることにはなるだろうね。

武田　中国は一党独裁の共産主義国家であり、これが、今、大きく拡大しているわけですが、どう思われますか。

F・ルーズベルト　うーん、まあ、でも、建前《たてまえ》は共産主義の独裁国家に見えるが、内実、経済的には資本主義化しているのでね。そこのところで戦争回避《かいひ》できるように、G7をG8に変えたりして、一生懸命、中国を西側に引き込《こ》むようにはしている。

まあ、私は、「中国が『貿易を通じて世界経済とリンクしたい』という気持ちを持ち続けるなら、やはり、どこかで自制しなきゃいけなくなるときが来るんじゃないか」とは思うけどねえ。

武田　では、今は行きすぎているわけですね？

F・ルーズベルト　うーん。

武田　軍備の拡張や、覇権主義……。

F・ルーズベルト　いや、みんながそうやって敵視し始めたら、それは、そこで止《と》めなければ、やはり、戦争が起きる可能性があるわねえ。

武田　今の中国は、どういう段階だと思われているのですか。

F・ルーズベルト　うーん……。今の段階では、まだちょっとアメリカの敵ではないね。

4　F・ルーズベルトの「霊的本質《れいてき》」

中国と縁《えん》のある過去世《かこぜ》を持つが、今はアメリカ寄りの立場

武田　あなたは、そのように、今も生前も、中国に対して非常に親近感をお持ちですが、これには、何か理由があるのでしょうか。

石川　『黄金の法』には、「古代中国の舜《しゅん》や、漢の武帝《ぶてい》として生まれている」と書かれていますが。

F・ルーズベルト　うん、まあ、多少、縁《えん》はあるんだろうよ。縁があるんだとは思うけどね。

石川　中国にお生まれになっていたのですか。

F・ルーズベルト　そうだな。

石川　これは正しいのですね?

F・ルーズベルト　うん。正しい。

石川　では、今、基本的には天上界《てんじょうかい》におられるのですか。

F・ルーズベルト　うん?

武田　今はどこにおられるのでしょうか。

Ｆ・ルーズベルト　それはアメリカ寄りだよ。今はアメリカ寄りだからね。ワシントンやリンカンもアメリカの神だが「自分のほうが上」

武田　どのような方と一緒《いっしょ》におられるのですか。

Ｆ・ルーズベルト　え？　君、「どのような方」って、どういうこと？

武田　あなたの近くには、ほかに、どのような人がいるのでしょうか。

Ｆ・ルーズベルト　私が「アメリカの神」なんだから、ほかにどういう方と言ったって……。

武田　お一人ですか。

F・ルーズベルト　ん？　私が「アメリカの神」ですよ。

武田　ほかにもいらっしゃると思うのですが。

F・ルーズベルト　え？　まあ、下にはね。

武田　あなたがトップですか？

F・ルーズベルト　私が「アメリカの神」ですよ。

武田　トルーマンさんは？

F・ルーズベルト　ああ、今は下のほうにいるんじゃないの？

武田　下のほうですか。

F・ルーズベルト　うん。

石川　ワシントンやリンカンとお話しされることはあるのですか。

F・ルーズベルト　ああ、なるほど、そういう人か。

武田　はい。

F・ルーズベルト　ワシントン、リンカンか。まあ、ワシントンやリンカンも、神のうちではあろうがな。

石川　アメリカでは、「尊敬される大統領」というと、だいたい、この三名が挙がってくるのですが。

武田　どういう関係なのですか。あなたは、ワシントンよりも下にいるのですか。

F・ルーズベルト　いや、「アメリカの世紀」をつくったのは私だから。

武田　上なのですか。

F・ルーズベルト　うん。

武田　リンカンは？

F・ルーズベルト　リンカンは、本当に戦争が弱かったからねえ。

石川　最終的にはアメリカを勝利に導いて、非常に尊敬を集めていますが。

F・ルーズベルト　いやあ、彼は、太平洋戦争以上に戦死者を出しているからねえ。まあ、尊敬はされているけど、「戦争は下手だった」というのが定説だ。

武田　どちらが上なのですか。

F・ルーズベルト　私です。

武田　うーん。マッカーサーは？

F・ルーズベルト　ああ。マッカーサーは部下ですから。

武田　今も部下なのですか。

F・ルーズベルト　部下です。

　F・ルーズベルトはアメリカ全体を見ている天皇のような存在？

石川　ちなみに、今、オバマさんなどを指導されているのですか。

F・ルーズベルト　オバマは指導していないな。

石川　共和党のほうを指導しているのですか。そういうわけでもないのでしょうか。

F・ルーズベルト　私はアメリカ全体を見ている。まあ、「天皇」みたいなものだからなあ。

武田　全体を見ているのですか。ただ、あなたより上の大霊《たいれい》がアメリカを指導していますよね？

F・ルーズベルト　アメリカに、私より上はいない。

武田　いや、いるはずですよ。

F・ルーズベルト　私しかいない。

武田　トス神（地球の至高神《しこうしん》エル・カンターレの分身の一人）の名前を、お聞きになったことはありませんか。

F・ルーズベルト　いやあ……。アメリカ百年の……。

石川　ただ、そのわりには、先見の明《めい》がなさすぎると思います。

例えば、国連で、あなたが「四人の警察官」と指定された四カ国のうち、ソ連の指導者は悪魔《あくま》でした。

F・ルーズベルト　まあ、昔から、神と悪魔はときどき契約《けいやく》を結ぶのよ。

武田　ああ……。なるほど。

Ｆ・ルーズベルト　ユダヤ教の時代から、そうなんでしょう。

武田　今も、たまに結んでいるような状態ですか。

Ｆ・ルーズベルト　ときどきは、そういうこともあるのよ。

武田　今でも、ときどき契約を結ぶのですか。

Ｆ・ルーズベルト　まあ、ときどきはね。
ただ、今、アメリカは、自由と民主主義の旗振《ふ》りの……。

石川　「旗振り」と言いましても、そのあと、東欧《とうおう》では大きな苦しみが生まれたのですが。

F・ルーズベルト　うーん。

「東条英機《とうじょうひでき》、ヒトラー、ムッソリーニは同じ」という見解

石川　中国も、その後、共産主義国になりました。日本を叩《たた》いたのは間違《まちが》いだったのではないですか。

F・ルーズベルト　だけど、あの段階での日本とは組めなかったから、しょうがないよね。

武田　日本から、何か「恨《うら》みの念波《ねんぱ》」などは来ませんか。

F・ルーズベルト　来ているんじゃない？　でも、それは、〝雲の下の人〟が受け取っているんじゃないの。

武田　ルーズベルトさんは受けていないのですか。

F・ルーズベルト　私まで届くわけないじゃない。

石川　ルーズベルトさんの目には、ヒトラーも、日本の天皇や東條英機《とうじょうひでき》さんも、同じように見えるのですか。

F・ルーズベルト　うーん……。

石川　われわれは「違う」と思っているのですが。

F・ルーズベルト　東條、ヒトラー、ムッソリーニは一緒だな。これは一緒だ。天皇には実権がないから、ちょっと違うのかもしらんけども。政治家じゃなかったのかもしれないねえ。

石川　要は、「アメリカの覇権《はけん》確立のために、まず日本を潰《つぶ》した」ということなのですね。

F・ルーズベルト　まあ、「世界史を書いた」ということだ。「世界史における『アメリカの世紀』を書いたのは私だ」ということです。

霊界《れいかい》でスターリン、チャーチルとの交流はあるか

武田　最近は、スターリンと、今後の世界について話をされたりはしないのですか。

F・ルーズベルト　いや、スターリンは知らんな。

武田　では、生きているときだけですか。あれ以来、会っていませんか。

F・ルーズベルト　うーん。知らんな。

武田　チャーチルは？

F・ルーズベルト　チャーチルとは、たまに会うな。

武田　たまに会いますか。どんなことをお話しされているのですか。

F・ルーズベルト　だけど、やはり、アメリカのほうが上だな。（イギリスは）アメリカに負い目があるから。

石川　ただ、そのアメリカの神様は、五年、十年先も読めないのですか。

F・ルーズベルト　え？「五年、十年先も読めない」って、何を言ってるの？

石川　例えば、戦後すぐに、ソ連との冷戦や封《ふう》じ込《こ》め政策などが始まったと思うのですが。

F・ルーズベルト　いや、それは、そのときそのときの敵と戦うしかないよね。

石川　逆に、敵と戦うことは大事なのですか。

F・ルーズベルト　向こうが頑張《がんば》ってくるからさ。

石川　「戦うことでアメリカも強くなる」というような価値観なのでしょうか。

F・ルーズベルト　ソ連があんなに強くなるとは、ちょっと予想できなかったからさ。

武田　今、アメリカは退潮していますが、これは……。

F・ルーズベルト　退潮していない。間違っている。そんなことはない。退潮していない。

武田　そうですか。

F・ルーズベルト　それは大丈夫《だいじょうぶ》です。アメリカでは、今、シェール革命が起きて、石油やガスが湧《わ》いて、大好景気が到来《とうらい》しようとしているのでね。

武田　「そうなるかもしれない」とは言われていますが。

F・ルーズベルト　あなたがたは勘違《かんちが》いしているんだ。アメリカには、もう一回、大好況《こうきょう》が来るから、中国優位の考え方は、あっという間に完全に引っ繰《く》り返るよ。

アメリカは、自分の所で燃料が全部出れば、中東もまったく怖《こわ》くない。

日本や中国の霊人《れいじん》と交流することはない

石川　ちなみに、今、アメリカの霊界《れいかい》と日本の霊界とは交流があるのですか。

F・ルーズベルト　それは、好きな人は交流しているでしょう。

石川　ルーズベルト大統領は？

F・ルーズベルト　私が日本人なんかと話す必要はない。

石川　（苦笑）では、今でも日本人は嫌《きら》いですか。

F・ルーズベルト　嫌いじゃないけど、好きではないよ。

武田　では、中国は？

F・ルーズベルト　中国とも、別に話はしないけどね。

武田　しないのですか。

F・ルーズベルト　うん。あまり好きではないから。

武田　好きではないのですか。

F・ルーズベルト　うん。今はね。今は好きじゃない。

武田　かつては生まれていたけれども、今は好きではないのですね。

F・ルーズベルト　うん。今は好きじゃない。

石川　要は、「アメリカの一位の座を脅《おびや》かすようなものは嫌い」ということですか。例えば、一九九〇年代などは、日本を潰すために、中国に力を貸してあげていませんでしたか。

F・ルーズベルト　うん。まあ、今は、かつて日本と戦ったのと同じように、「中国とどう戦うか」ということを考えているのよ。

石川　九〇年代から、日本は、「経済の敗戦」というように言われるのですが、あれは、けっこう、ルーズベルト大統領が指導されたりしたのですか。

F・ルーズベルト　うん。まあ、とにかく、今、そんな小さいことを言うんじゃないよ。まあ、どうでもいいんだ。

今は、「日本をどのように使って、中国の〝防波堤《ぼうはてい》〟にするか」を考えているところだからさ。

武田　それを考えているのですね。

F・ルーズベルト　うん、うん。

イエスを「小さい神」と捉《とら》えるF・ルーズベルト

武田　あなたはクリスチャンだと思うのですが。

Ｆ・ルーズベルト　そうだ。

武田　イエス様とは？

Ｆ・ルーズベルト　イエス？　まあ、仕事はちょっと違うかな。

武田　お会いになったり、お言葉を受けたりすることはあるのでしょうか。

Ｆ・ルーズベルト　宗教家と政治家は違うんだよ。

武田　では、会わないのですか。「会ったことはない」ということですね。

F・ルーズベルト　うん。

石川　「ブッシュ前大統領は、ミカエルから指導を受けていた」という話があるのですが。

F・ルーズベルト　あんなマイナーな神様の指導を受けていたの？

武田　「マイナー」と言えるのですか。

F・ルーズベルト　あんなのはイスラエルの神でしょう？　ちっちゃいよ。

武田　会ったことはないのですか。

F・ルーズベルト　アメリカは大きいのよ。あなた、何を言ってるの？　イスラエルを保護しているんだから。

石川　ただ、アメリカは、まだ歴史が浅いと思うのですが。

F・ルーズベルト　イスラエルを保護しているんだよ。

武田　霊界のことを、あまりよく分かっていないのではないでしょうか。

F・ルーズベルト　そんなことはない。私は、世界帝国をつくるときに（地上に）出ているんだよ。何を言ってるんだ。

武田　では、もう少し世界的に有名な方？

F・ルーズベルト　「神だ」って言っているでしょう？

武田　いえ、誰《だれ》といちばん交流が多いのですか。

F・ルーズベルト　「私が神だ」と言っているじゃないですか。

武田　しかし、イエス様とは会えないわけですよね？

F・ルーズベルト　イエスは「小さい神」だからね。

武田　小さい神？　それはどういう意味ですか。

F・ルーズベルト　弱いじゃない。

武田　弱い……。

「自分の次」と認める人物は、ナポレオンやシーザー

武田　では、あなたが認める「大きい神」とは、例えば、どんな人がいるのですか。

F・ルーズベルト　だから、「私が最大だ」と言っているじゃない。

武田　では、あなたの次ぐらいは誰でしょうか。

F・ルーズベルト　まあ、ナポレオンとか、シーザーとか。

武田　ほう。シーザーは、今、日本にいるようですが（注。以前の霊査《れいさ》で、現在、シーザーは女性として日本に転生《てんしょう》していることが判明した）。

F・ルーズベルト　そうなの？　知らない。

武田　霊的には交流がないのですか。

F・ルーズベルト　日本に？　ふーん……。知らんなあ。

武田　なるほど。

（他の質問者に）何かありますか。いいですか。

F・ルーズベルト　だから、「私が『アメリカの世紀』をつくったんだ」ということだ。

武田　ええ。分かりました。

Ｆ・ルーズベルト　これを続けたいので、今は次に、対中国戦略を考えてはいる。私が「日本をどのくらい絡《から》ませるか」ということを決めることによって、日本の今後のあり方も決まる。

「日本の核《かく》武装」を牽制《けんせい》するＦ・ルーズベルト

武田　これまでの話をまとめますと、やはり、あなたは、歴史をつくられたと思います。

つまり、悲劇ではありますが、「この日本を開戦に導き、結果的に、日本がアメリカから原爆を投下される道を明確につくられた方が、ルーズベルトさんであった」

ということです。
今回のメインポイントからすれば、このようなまとめになるかと思います。今日は、いろいろな真相を明かしてくださいまして、本当にありがとうございます。

F・ルーズベルト　あなたがたは核《かく》武装をしたいのかもしれないけど、「日本と中国だけで核戦争をし、アメリカには全然関係がない」というのが、われらにとって、いちばん都合《つごう》のいいことだから、「本当にそれでいいのかどうか」をよく考えてからにしたほうがいいよ。

武田　はい。

F・ルーズベルト　「〝防波堤〟で、日本と中国だけが核を撃《う》ち合って終わりになる」という構図だってあるんだからね。

武田　ルーズベルトさんは、日本を〝防波堤〟にしようとしているわけですね。

F・ルーズベルト　いや、それは、「私の考え次第《しだい》だ」ということよ。世界のリーダーはアメリカで、「アメリカの神」は私であるからして、私が世界を動かしているんです。

武田　はい。分かりました。本日は、まことにありがとうございました。

F・ルーズベルト　はい。

5 「アメリカの神」としてのプライド

大川隆法　トルーマンはだいぶ分かりましたが、F・ルーズベルトについては、多少、分からないところが残りましたね。まあ、現在のアメリカのプライドそのものなのではないでしょうか。

武田　そうですね。

大川隆法　これについては、若干《じゃっかん》、解明し切れないところがありますね。日本の首相がアメリカへ行っても、適当にしか相手にしてもらえませんが、それと同じような状態でした。まだ、世界最強国としての誇《ほこ》りを持っているようです。

Ｆ・ルーズベルトによれば、「私は『アメリカの神』であり、古代イスラエルの〝負けた救世主〟などと一緒《いっしょ》にしないでほしい」ということらしいので、まことに恐《おそ》れ入りました。頑張《がんば》っていただきましょう。

アメリカが弱くなれば、彼も弱くなると思います。しかし、それは当たり前のことです。その国の神と、国の興隆《こうりゅう》とは関係があり、国が強いと神も強くなりますが、国が弱くなると神も弱くなるのです。彼にも、そういうところはあるのでしょう。

ただ、今はまだ、プライドがすごく強いようです。「『リンカンは戦争が下手だ』と見ている」ということで（笑）、参りました。まあ、ご意見として伺《うかが》っておきましょう。

日本に有利なことばかりを言うアメリカの大統領がいるのもおかしいので、こういう人がいてもよいかと思います。

武田　ありがとうございました。

あとがき

トルーマン大統領の涙は、意外でもあり、感動的でもあった。レイシズムと非人道性への反省にはいっているものと思われる。

一方、Ｆ・ルーズベルト大統領は、アメリカ合衆国最高の神の地位についたと自らを語った。そして彼は、次に中国との覇権《はけん》戦争について考えを巡らせている。

イエス・キリストを小さく弱い神と表現したＦ・ルーズベルトが創ろうとしている二十一世紀とはどんな時代だろうか。日本という小さな島国は、米中の二大強国にはさまれて、あぶくの如く消えていくしかないのだろうか。

未来を拓くためには、日本にも大きな使命がある。私はそう信じているし、そのために自分がこの日本という国を選んで生まれたと考えている。日本国民よ、まだあきらめてはいけない。救世主は、確かに活動を開始しているのだ。

二〇一三年　六月十二日

幸福実現党総裁《こうふくじつげんとうそうさい》　大川隆法《おおかわりゅうほう》

『原爆投下は人類への罪か？』大川隆法著作関連書籍

『黄金の法』（幸福の科学出版刊）
『明治天皇・昭和天皇の霊言』（同右）
『公開霊言　東條英機、「大東亜戦争の真実」を語る』（幸福実現党刊）
『世界皇帝を倒す女』（同右）

原爆投下《げんばくとうか》は人類《じんるい》への罪《つみ》か？

――公開霊言 トルーマン＆Ｆ・ルーズベルトの新証言――

2013年６月19日　初版第１刷

著　者　大《おお》川《かわ》隆《りゅう》法《ほう》

発　行　幸福実現党

〒107-0052 東京都港区赤坂２丁目10番８号

TEL(03)6441-0754

発　売　幸福の科学出版株式会社

〒107-0052 東京都港区赤坂２丁目10番14号

TEL(03)5573-7700

http://www.irhpress.co.jp/

印刷・製本　株式会社 東京研文社

ISBN978-4-86395-349-9 C0030

写真：AP/アフロ

大川隆法 霊言シリーズ・日本の自虐史観を正す

公開霊言 東條英機、「大東亜戦争の真実」を語る

戦争責任、靖国参拝、憲法改正……。他国からの不当な内政干渉にモノ言えぬ日本。正しい歴史認識を求めて、東條英機が先の大戦の真相を語る。

【幸福実現党刊】

1,400円

神に誓って「従軍慰安婦」は実在したか

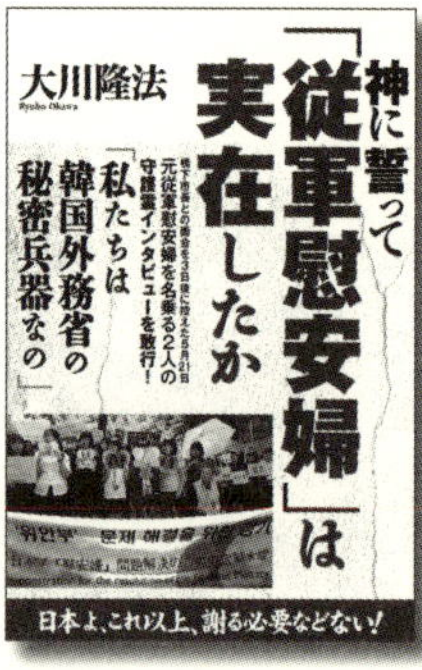

いまこそ、「歴史認識」というウソの連鎖を断つ! 元従軍慰安婦を名乗る2人の守護霊インタビューを刊行! 慰安婦問題に隠された驚くべき陰謀とは⁉

【幸福実現党刊】

1,400円

従軍慰安婦問題と南京大虐殺は本当か？

左翼の源流 vs. E.ケイシー・リーディング

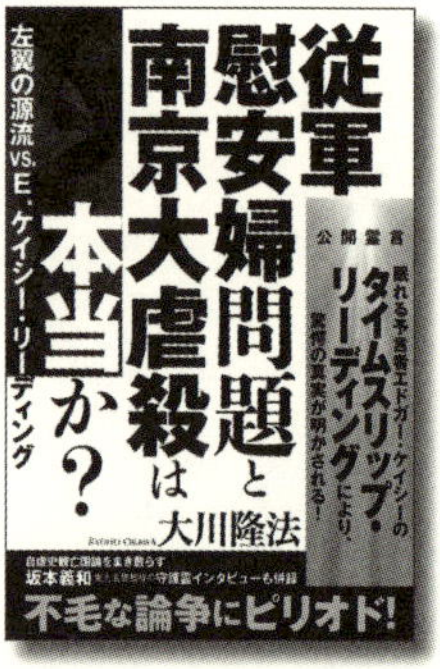

「従軍慰安婦問題」も「南京事件」も中国や韓国の捏造だった! 日本の自虐史観や反日主義の論拠が崩れる、驚愕の史実が明かされる。

1,400円

※表示価格は本体価格(税別)です。

大川隆法 霊言シリーズ・憲法九条改正・国防問題を考える

スピリチュアル政治学要論

佐藤誠三郎・元東大政治学教授の霊界指南

憲法九条改正に議論の余地はない。生前、中曽根内閣のブレーンをつとめた佐藤元東大教授が、危機的状況にある現代日本政治にメッセージ。

1,400円

憲法改正への異次元発想

憲法学者NOW・芦部信喜 元東大教授の霊言

憲法九条改正、天皇制、政教分離、そして靖国問題……。参院選最大の争点「憲法改正」について、憲法学の権威が、天上界から現在の見解を語る。【幸福実現党刊】

1,400円

北条時宗の霊言

新・元寇にどう立ち向かうか

中国の領空・領海侵犯、北朝鮮の核ミサイル……。鎌倉時代、日本を国防の危機から守った北条時宗が、「平成の元寇」の撃退法を指南する！【幸福実現党刊】

1,400円

幸福の科学出版

大川隆法霊言シリーズ・マスコミの本音を直撃

筑紫哲也の大回心

天国からの緊急メッセージ

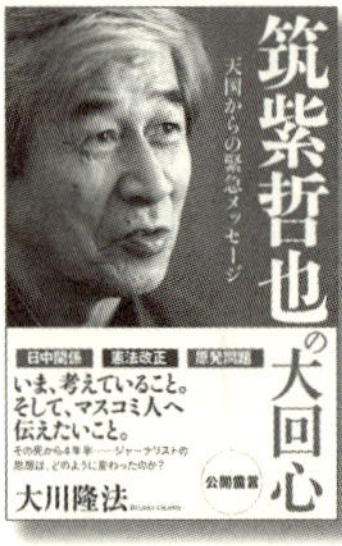

筑紫哲也氏は、死後、あの世で大回心を遂げていた!? TBSで活躍した人気キャスターが、いま、マスコミ人の良心にかけて訴える。 【幸福実現党刊】

1,400円

田原総一朗守護霊 VS. 幸福実現党ホープ

バトルか、それともチャレンジか?

ダイジェストDVD付

未来の政治家をめざす候補者たちが、マスコミ界のグランド・マスターと真剣勝負! マスコミの「隠された本心」も明らかに。 【幸福実現党刊】

1,800円

バーチャル本音対決

TV朝日・古舘伊知郎守護霊
VS. 幸福実現党党首・矢内筆勝

ダイジェストDVD付

なぜマスコミは「憲法改正」反対を唱えるのか。人気キャスター 古舘氏守護霊と幸福実現党党首 矢内が、目前に迫った参院選の争点を徹底討論! 【幸福実現党刊】

1,800円

本多勝一の守護霊インタビュー

朝日の「良心」か、それとも「独善」か

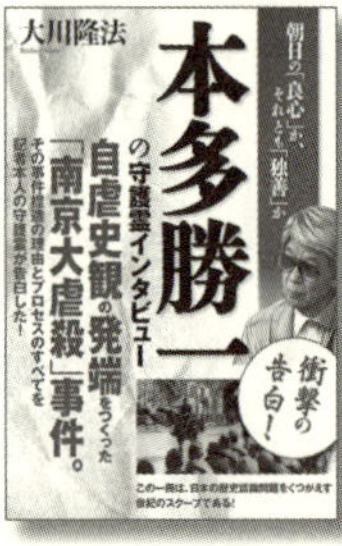

「南京事件」は創作! 「従軍慰安婦」は演出! 歪められた歴史認識の問題の真相に迫る。自虐史観の発端をつくった本人(守護霊)が赤裸々に告白! 【幸福実現党刊】

1,400円

※表示価格は本体価格(税別)です。

大川隆法霊言シリーズ・日本復活への提言

渡部昇一流・潜在意識成功法

「どうしたら英語ができるようになるのか」とともに

英語学の大家にして希代の評論家・渡部昇一氏の守護霊が語った「人生成功」と「英語上達」のポイント。「知的自己実現」の真髄がここにある。

1,600円

竹村健一・逆転の成功術

元祖『電波怪獣』の本心独走

人気をつかむ方法から、今後の国際情勢の読み方まで——。テレビ全盛時代を駆け抜けた評論家・竹村健一氏の守護霊に訊く。

1,400円

幸福実現党に申し上げる

谷沢永一の霊言

保守回帰の原動力となった幸福実現党の正論の意義を、評論家・谷沢永一氏が天上界から痛快に語る。驚愕の過去世も明らかに。　【幸福実現党刊】

1,400円

日下公人のスピリチュアル・メッセージ

現代のフランシス・ベーコンの知恵

「知は力なり」——。保守派の評論家・日下公人氏の守護霊が、いま、日本が抱える難問を鋭く分析し、日本再生の秘訣を語る。

1,400円

守護霊インタビュー 金正恩の本心直撃!

ミサイルの発射の時期から、日米中韓への軍事戦略、中国人民解放軍との関係——。北朝鮮指導者の狙いがついに明らかになる。
【幸福実現党刊】

1,400円

長谷川慶太郎の守護霊メッセージ

緊迫する北朝鮮情勢を読む

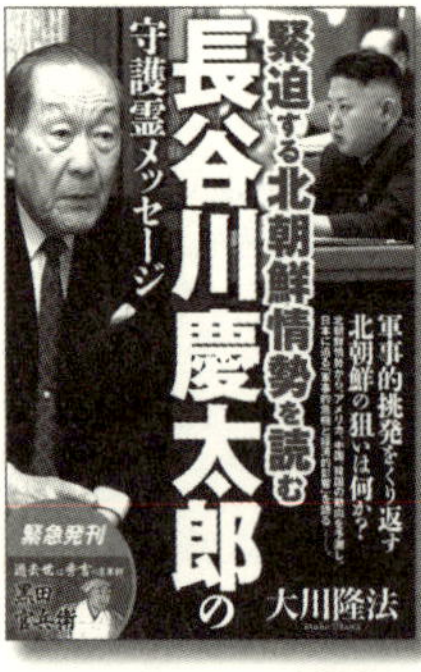

軍事評論家・長谷川氏の守護霊が、無謀な挑発を繰り返す金正恩の胸の内を探ると同時に、アメリカ・中国・韓国・日本の動きを予測する。

1,300円

北朝鮮の未来透視に挑戦する

エドガー・ケイシー リーディング

「第2次朝鮮戦争」勃発か!? 核保有国となった北朝鮮と、その挑発に乗った韓国が激突。地獄に堕ちた"建国の父"金日成の霊言も同時収録。

1,400円

※表示価格は本体価格(税別)です。

大川隆法霊言シリーズ・中国の今後を占う

中国と習近平に未来はあるか

反日デモの謎を解く

「反日デモ」も、「反原発・沖縄基地問題」も中国が仕組んだ日本占領への布石だった。緊迫する日中関係の未来を習近平氏守護霊に問う。
【幸福実現党刊】

1,400円

周恩来の予言

新中華帝国の隠れたる神

北朝鮮のミサイル問題の背後には、中国の思惑があった！ 現代中国を霊界から指導する周恩来が語った、戦慄の世界覇権戦略とは!?

1,400円

小室直樹の大予言

2015年 中華帝国の崩壊

世界征服か？ 内部崩壊か？ 孤高の国際政治学者・小室直樹が、習近平氏の国家戦略と中国の矛盾を分析。日本に国防の秘策を授ける。

1,400円

幸福の科学出版

大川隆法ベストセラーズ・希望の未来を切り拓く

未来の法

新たなる地球世紀へ

暗い世相に負けるな！ 悲観的な自己像に縛られるな！ 心に眠る無限のパワーに目覚めよ！ 人類の未来を拓く鍵は、一人ひとりの心のなかにある。

2,000円

Power to the Future

未来に力を

英語説法集
日本語訳付き

予断を許さない日本の国防危機。混迷を極める世界情勢の行方――。ワールド・ティーチャーが英語で語った、この国と世界の進むべき道とは。

1,400円

日本の誇りを取り戻す

国師・大川隆法　街頭演説集 2012

2012年、国論を変えた国師の獅子吼。外交危機、エネルギー問題、経済政策……。すべての打開策を示してきた街頭演説が、ついにDVDブック化！
【幸福実現党刊】

街頭演説
DVD付

2,000円